Burnout überwinden

Ihr Schlüssel zur inneren Stärke

Roland Wegner

AF209809

Über den Autor

Roland Wegner, ein Experte im Bereich des Vertriebs und der Finanzdienstleistungen, bringt nicht nur über 24 Jahre Erfahrung in vertrieblichen Führungspositionen namhafter Finanzdienstleister mit, sondern hat auch eine einzigartige Perspektive auf die Thematik des Burnouts. Durch seine langjährige Tätigkeit im herausfordernden Finanzsektor hat er aus erster Hand erlebt, wie beruflicher Stress und hohe Leistungsanforderungen das Wohlbefinden beeinflussen können.

Burnout überwinden

Ihr Schlüssel zur inneren Stärke

Roland Wegner

© Roland Wegner

Herstellung und Verlag: BoD - Books on Demand, Norderstedt

Formatierung: L. Wegner

ISBN: 978-3-7583-0284-8

Hinweis

Haftungsausschluss:

Die Informationen, die in diesem Text, Buch oder Dokument zur Verfügung gestellt werden, dienen ausschließlich zu Informationszwecken und stellen keine rechtliche, medizinische, finanzielle oder professionelle Beratung dar. Der Autor übernimmt trotz intensiver Recherche keine Haftung für Schäden oder Verluste, die durch die Verwendung der in diesem Text bereitgestellten Informationen entstehen. Leser sollten immer professionelle Beratung und Unterstützung in Bezug auf ihre spezifischen Bedürfnisse und Situationen in Anspruch nehmen. Jegliche Handlungen, die aufgrund der in diesem Text enthaltenen Informationen unternommen werden, geschehen auf eigene Verantwortung.

Mein Ziel ist es, Ihnen eine umfassende Informationsquelle über Burnout zur Verfügung zu stellen, die Ihnen bei der Bewältigung dieser Erkrankung helfen kann. Es ist jedoch wichtig zu betonen, dass dieses Buch keinen Ersatz für professionelle psychologische Beratung darstellt. Wenn Sie psychische Gesundheitsprobleme haben, empfehle ich Ihnen dringend, professionelle Hilfe in Anspruch zu nehmen.

Ich danke Ihnen herzlich für Ihr Interesse an diesem Buch und hoffe, dass es Ihnen wertvolle Einblicke und Erkenntnisse bietet.

Inhaltsverzeichnis

Einführung

In der schnelllebigen Welt von heute, in der ständiger Druck und überwältigende Anforderungen an der Tagesordnung sind, habe ich gelernt, dass Burnout keine bloße Modeerscheinung ist, sondern eine ernsthafte Belastung der psychischen Gesundheit, die jeden von uns treffen kann. Ich kenne dieses Thema aus eigener Erfahrung, denn ich habe selbst den schmerzhaften Weg durch Burnout und seine immensen Auswirkungen auf Körper und Geist erlebt.

Es war eine Zeit in meinem Leben, in der ich mich in einem scheinbar unaufhörlichen Strudel aus Arbeit, Verpflichtungen und persönlichem Stress verfing. Der Alltag fühlte sich an wie ein endloser Marathon, und ich konnte die Warnzeichen nicht rechtzeitig erkennen. Bis zu dem Moment, als mein Körper und meine Seele nicht mehr mitspielen wollten.

Burnout ist ein schleichender Prozess, ein schwindendes Licht, das allmählich erlischt, bis es uns in völliger Dunkelheit zurücklässt. Es ist ein Zustand, in dem wir uns verloren und entkräftet fühlen, ohne Hoffnung auf Besserung. Doch, und das möchte ich betonen, es gibt einen Weg aus dieser Dunkelheit, einen Weg zur Genesung und zur Wiederherstellung der Lebensfreude.

Dieses Buch ist das Ergebnis meiner eigenen Reise durch die Tiefen des Burnouts und meiner Entdeckung, wie man wieder auftaucht und ein erfülltes Leben führt. Es ist eine Reise, die nicht ohne Schwierigkeiten und Rückschläge verläuft, aber sie ist auch eine Reise der Hoffnung und des persönlichen Wachstums.

In den kommenden Kapiteln werden wir uns gemeinsam mit Burnout auseinandersetzen. Wir werden verstehen lernen, was Burnout ist und wie es entsteht. Wir werden die Warnzeichen erkennen und lernen, wie man sie nicht ignoriert. Wir werden Möglichkeiten zur Prävention und zur Bewältigung von Burnout kennenlernen und erfahren, wie Selbstfürsorge und Unterstützung dabei helfen können, den Weg zur Genesung zu ebnen.

Ich möchte betonen, dass dieses Buch nicht nur auf allgemeinen Informationen basiert, sondern auch auf meiner eigenen Erfahrung als Betroffener. Es ist meine Hoffnung, dass es anderen Menschen, die sich in einer ähnlichen Lage befinden, als Ratgeber und Inspirationsquelle dienen kann.

In meinem Buch wird es bewusst viele Wiederholungen geben, insbesondere im Hinblick auf die Symptome des Burnouts. Dies geschieht gezielt, um Ihr Bewusstsein für die Bedeutung der Wahrnehmung und der frühzeitigen Akzeptanz von Burnout zu schärfen. Ich bin fest davon überzeugt, dass viele Menschen, die von Burnout betroffen sind, viel früher Unterstützung gesucht hätten, wenn sie zu diesem Zeitpunkt die Symptome erkannt bzw. akzeptiert hätten. In meinem Fall war es so. Ich habe viel zu spät aufgrund meiner Unkenntnis meinem Körper die Aufmerksamkeit geschenkt, die er zu dieser Zeit dringend benötigte. Dadurch war meine Genesungsreise sehr anstrengend und lang. Das möchte ich Ihnen ersparen.

Der Weg aus dem Burnout ist keine einfache Reise, aber er ist machbar. Es ist meine Überzeugung, dass jeder, der sich dafür entscheidet, Schritt für Schritt die Dunkelheit hinter sich lassen und wieder in das warme Licht des Lebens treten kann. Ich lade Sie ein, diese Reise gemeinsam mit mir anzutreten, und ich hoffe, dass dieses Buch Ihnen Mut, Inspiration und die Werkzeuge bietet, um den Weg zur Genesung zu finden.

Teil I: Verständnis von Burnout

Kapitel 1: Was ist Burnout?

1.1 Definition und historischer Kontext

In den letzten Jahrzehnten hat der Begriff Burnout verstärkt Einzug in unsere Sprache gehalten, vor allem im Kontext beruflichen Stresses. In diesem Buch werfe ich einen Blick auf die Definition von Burnout, seinen historischen Kontext und die subtilen Unterschiede zu Stress und Erschöpfung.

Burnout ist ein vielschichtiges und multidimensionales Phänomen, das sich nicht leicht in Worte fassen lässt. Verschiedene wissenschaftliche Quellen bieten unterschiedliche Perspektiven und Definitionen, wodurch die Tiefe dieses Konzepts deutlich wird. Doch aus meiner Sicht spiegelt die folgende Definition die Essenz von Burnout treffend wider:

"Burnout ist ein Zustand der tiefgreifenden Erschöpfung, resultierend aus langanhaltendem, ungelöstem beruflichem Stress. Es geht über gewöhnliche Müdigkeit hinaus und manifestiert sich in einem Verlust von Energie, Motivation und dem Gefühl der Entfremdung von der Arbeit. Diese Erscheinung ist komplex und variiert in ihren Facetten, von emotionaler Erschöpfung bis hin zu einer Abnahme der persönlichen Leistungsfähigkeit."

Burnout, ein Begriff, der in der modernen Arbeitswelt zunehmend an Bedeutung gewinnt, beschreibt also ein psychisches und emotionales Erschöpfungssyndrom, das oft auf chronischen Stress am Arbeitsplatz zurückzuführen ist. Dieser Zustand manifestiert sich als eine komplexe Mischung aus physischer, emotionaler und geistiger Erschöpfung, begleitet von einer verringerten Leistungsfähigkeit, einem Gefühl der Entfremdung von der Arbeit und einer Zunahme zynischer oder negativer Einstellungen gegenüber beruflichen Aufgaben. Doch Burnout beschränkt sich nicht nur auf die psychische Ebene. Es kann auch körperliche Symptome wie Schlafstörungen, Muskelverspannungen und Kopfschmerzen hervorrufen, und seine Auswirkungen erstrecken sich über die berufliche Sphäre hinaus, beeinflussen Gesundheit, Wohlbefinden und die allgemeine Lebensqualität der Betroffenen.

Diese Definition soll als Leitfaden dienen, während wir uns auf die Entdeckungsreise begeben, um die Nuancen und Auswirkungen von Burnout in verschiedenen Kontexten zu verstehen.

Hier sind einige wissenschaftliche Quellen, die die Definition von Burnout und damit verbundene Konzepte behandeln:

Maslach, C., Schaufeli, W. B., & Leiter, M. P. (2001). Burnout: Theorie und Praxis. Springer.

Burisch, M. (2002). Das Burnout-Syndrom: Theorie der inneren Erschöpfung. Springer.

Schaufeli, W. B., & Enzmann, D. (1998). The burnout companion to study and practice: A critical analysis. Taylor & Francis.

Diese Quellen bieten eine wissenschaftliche Perspektive auf die Definition von Burnout und seine Merkmale. Bitte beachten Sie, dass Burnout ein komplexes und multidimensionales Phänomen ist, und die Definitionen können je nach Forschung und Kontext variieren.

Historischer Kontext von Burnout:

Rückblickend betrachtet hat das Konzept des Burnouts eine interessante historische Entwicklung durchlaufen:

Frühe Erwähnungen (1930er-1950er Jahre): Die Wurzeln des Burnout-Konzepts lassen sich bis in die 1930er Jahre zurückverfolgen, als der Sozialwissenschaftler Herbert Freudenberger begann, das Phänomen bei freiwilligen Helfern zu untersuchen. In den 1950er Jahren wurde der Begriff "Burnout" erstmals verwendet, um den Zustand von Menschen zu beschreiben, die sich bei ihrer Arbeit überanstrengen.

1970er Jahre: Pionierarbeit von Maslach und Jackson: Die Psychologen Christina Maslach und Susan Jackson haben in den 1970er Jahren maßgebliche Forschungsarbeit über Burnout geleistet. Sie entwickelten den Maslach Burnout Inventory (MBI), ein Instrument zur Messung von Burnout-Symptomen. Maslach identifizierte drei Hauptdimensionen des Burnouts: emotionale Erschöpfung, Depersonalisierung (Entfremdung von anderen) und reduzierte persönliche Leistungsfähigkeit.

Anerkennung als psychische Störung: Bereits in den 1980er Jahren wurde Burnout in einigen Ländern als eine offizielle psychische Störung anerkannt und in Diagnosesystemen wie dem Internationalen Klassifikationssystem der Krankheiten (ICD) aufgenommen. In der ICD-10 wurde es als "Probleme mit Bezug auf Schwierigkeiten bei der Lebensbewältigung" kodiert.

Weiterentwicklung der Forschung: Seit den 1970er Jahren hat die Forschung zu Burnout stark zugenommen, und sie hat die Auswirkungen von chronischem Stress am Arbeitsplatz auf die physische und psychische Gesundheit weiter untersucht. Es wurden verschiedene Modelle und Ansätze entwickelt, um das Phänomen genauer zu verstehen und präventive Maßnahmen zu entwickeln.

Heute ist Burnout ein weit verbreitetes Thema, das in der Arbeitswelt und im Gesundheitswesen ernst genommen wird. Organisationen und Fachleute setzen sich verstärkt für die Prävention und Bewältigung von Burnout ein, da die Auswirkungen auf die Gesundheit und die Produktivität erheblich sein können.

Hier sind einige Literaturhinweise und Quellenangaben zu den genannten Personen und Themen im historischen Kontext von Burnout:

Freudenberger, H. J. (1974). Staff burn-out. Journal of Social Issues, 30(1), 159-165.

Jackson, S. E., & Maslach, C. (1982). After-effects of job-related stress: Families as victims. Journal of Organizational Behavior, 3(1), 63-77.

Maslach, C. (1976). Burned-out. Human Behavior, 5, 16-22.

Maslach, C., & Jackson, S. E. (1981). The measurement of experienced burnout. Journal of Occupational Behavior, 2(2), 99-113.

Anerkennung als psychische Störung:

World Health Organization (WHO). (1992). The ICD-10 Classification of Mental and Behavioural Disorders: Clinical descriptions and diagnostic guidelines.

Weiterentwicklung der Forschung:

Leiter, M. P., & Maslach, C. (2004). Areas of Worklife: A structured approach to organizational predictors of job burnout. In P. L. Perrewé & D. C. Ganster (Eds.), Emotional and physiological processes and positive intervention strategies (Research in Occupational Stress and Well-Being, Volume 3) (pp. 91-134). Emerald Group Publishing Limited.

Aktuelle Forschung und Prävention:

Schaufeli, W. B., Leiter, M. P., & Maslach, C. (2009). Burnout: Thirty-five years of research and practice. Career Development International, 14(3), 204-220.

Taris, T. W., & Schaufeli, W. B. (2017). Individual well-being and performance at work: A conceptual and theoretical overview. In Well-being and performance at work (pp. 1-17). Psychology Press.

Bitte beachten Sie, dass dies nur eine Auswahl von Literaturhinweisen ist, und es gibt viele weitere Quellen und Forschungsarbeiten zu diesem Thema. Sie können diese Hinweise als Ausgangspunkt für weitere Recherchen verwenden, um mehr Informationen zu erhalten.

1.2 Burnout vs. Stress vs. Erschöpfung

Die Symptome von Burnout, Stress und Erschöpfung, scheinen oft miteinander zu verschmelzen. Doch unter der Oberfläche existieren feine Nuancen, die jedes dieser Konzepte einzigartig machen. Wir werfen einen flüchtigen Blick auf diese Unterschiede, um die subtilen Linien zwischen Erschöpfung, Stress und Burnout zu erkennen. Die Unterscheidung zwischen Burnout, Stress und Erschöpfung ist für dieses Buch von entscheidender Bedeutung, da sie uns dabei hilft, die spezifischen Auslöser, Mechanismen und langfristigen Folgen jedes Zustands zu verstehen. Dieses Verständnis ermöglicht es Ihnen, nicht nur die Symptome zu erkennen, sondern auch gezieltere Strategien zur Prävention und Bewältigung dieser Herausforderungen zu entwickeln.

Burnout, Stress und Erschöpfung sind drei miteinander verbundene Konzepte, die oft miteinander verwechselt werden, da sie ähnliche Symptome aufweisen können. Dennoch handelt es sich um unterschiedliche Zustände, die unterschiedliche Ursachen und Auswirkungen haben.

1. Stress:

Definition: Stress ist eine natürliche Reaktion des Körpers auf eine Herausforderung oder eine Bedrohung. Es kann sowohl positiven (Eustress) als auch negativen (Distress) Stress geben.

Ursachen: Stress tritt auf, wenn der Körper auf physische, emotionale oder psychische Belastungen reagiert. Dies kann aufgrund von Arbeitsanforderungen, persönlichen Konflikten, finanziellen Sorgen oder anderen Faktoren auftreten.

Symptome: Zu den Symptomen von Stress gehören erhöhte Herzfrequenz, Muskelverspannungen, Schlafstörungen, Angstzustände und eine gesteigerte Reizbarkeit. Stress ist normalerweise vorübergehend und kann dazu führen, dass Menschen motiviert sind, Aufgaben zu bewältigen.

Bewältigung: Stressbewältigungstechniken wie Entspannungsübungen, Zeitmanagement und soziale Unterstützung können dazu beitragen, mit Stress umzugehen und seine negativen Auswirkungen zu minimieren.

2. Erschöpfung:

Definition: Erschöpfung ist ein Zustand der körperlichen oder geistigen Müdigkeit, der auftritt, wenn eine Person übermäßig beansprucht wird oder nicht ausreichend Erholung erhält.

Ursachen: Erschöpfung kann durch intensive körperliche Arbeit, Schlafmangel, Krankheit oder andere Belastungen verursacht werden.

Symptome: Die Symptome von Erschöpfung umfassen körperliche Schwäche, Müdigkeit, geistige Trägheit und eine allgemeine Abnahme der Energie. Anders als Stress ist Erschöpfung normalerweise nicht mit erhöhter Anspannung verbunden.

Bewältigung: Die Bewältigung von Erschöpfung erfordert in der Regel ausreichend Schlaf, Erholung und die Anpassung der Aktivitäten, um die Belastung zu verringern.

3. Burnout:

Definition: Burnout ist ein Zustand der emotionalen, körperlichen und geistigen Erschöpfung, der in der Regel auf langanhaltenden, übermäßigen Stress am Arbeitsplatz zurückzuführen ist.

Ursachen: Die Hauptursache für Burnout sind chronische Arbeitsbelastungen, wie übermäßiges Arbeitspensum, mangelnde Kontrolle über die Arbeit, unrealistische Erwartungen und ein Gefühl der Entfremdung von der Arbeit.

Symptome: Zu den Symptomen von Burnout gehören emotionale Erschöpfung, Depersonalisierung (Entfremdung von anderen), reduzierte persönliche Leistungsfähigkeit, Schlafstörungen und physische Beschwerden. Burnout betrifft oft die berufliche Leistung und die Motivation.

Bewältigung: Die Bewältigung von Burnout erfordert oft eine umfassende Veränderung der Arbeitsbedingungen, die Einführung von Stressbewältigungsstrategien und manchmal professionelle Hilfe in Form von Psychotherapie.

Zusammenfassend sind Stress und Erschöpfung in der Regel vorübergehende Zustände, die auf bestimmte Ursachen zurückzuführen sind, während Burnout eine ernstere und langanhaltende Form von Erschöpfung ist, die oft mit chronischem Arbeitsstress verbunden ist. Die Unterscheidung zwischen diesen Zuständen ist wichtig, da die Behandlungs- und Präventionsansätze unterschiedlich sein können.

1.3 Meine persönliche Burnout-Geschichte

Als Einzelkind wurde ich in einer Umgebung liebevoller, aber strenger und gerechter Eltern aufgezogen. Ihre Erziehung legte den Grundstein für meine Arbeitsethik und meinen

Ehrgeiz. Nach meinem Abitur entschied ich mich für eine Ausbildung zum Versicherungskaufmann. Kurze Zeit nach Beendigung meiner Ausbildung begann ich, die ersten Führungsaufgaben im Vertrieb zu übernehmen.

Nach einer mehrjährigen vertrieblichen Tätigkeit kündigte ich meinen Job und begann ein Studium an der Fachhochschule Kiel, um meine Qualifikation für zukünftige Führungstätigkeiten zu erhöhen. Ich erreichte meinen Abschluss als Diplom-Betriebswirt (FH) in rekordverdächtigen zwei Jahren, und das mit einer guten Gesamtnote. Mein beruflicher Erfolg setzte sich im Vertrieb fort, und ich fand mich bald in dem Unternehmen in der Position der besten Nachwuchsführungskraft nach nur zwei Jahren.

Doch das Leben brachte seine Herausforderungen mit sich. Ich musste mich aufgrund einer Augenerkrankung einer intensiven medizinischen Behandlung unterziehen. Trotz dieser gesundheitlichen Belastung blieb ich beharrlich und wurde in meiner Karriere immer erfolgreicher.

Nach beeindruckenden 14 Jahren in meiner beruflichen Laufbahn erhielt ich die Nachricht, dass alle Arbeitsplätze im Vertrieb zugunsten eines Sozialplans gestrichen werden sollten. Dieser Verlust war ein schmerzlicher Schlag in mein berufliches Leben, doch anstatt aufzugeben, entschied ich mich, meine Selbstständigkeit aufzubauen.

Der Aufbau meiner Maklerconsulting-Firma war jedoch neben Erfolgen auch von Rückschlägen im Vertrieb begleitet, die an meinem Selbstvertrauen zehrten. Parallel dazu verschärften sich die Spannungen in meiner Familie. Doch das waren nicht die einzigen Herausforderungen, mit denen ich zu kämpfen hatte.

Die schwere Erkrankung einer mir nahestehenden Person stellte eine enorme emotionale Belastung dar. Ich fühlte mich körperlich und seelisch kraftlos und erschöpft. Die weitere medizinische Behandlung meiner Augenerkrankung erforderte zusätzliche Anstrengungen und Mut.

Diese Phase meines Lebens lehrte mich die Wichtigkeit von Widerstandsfähigkeit und Selbstfürsorge. Sie verdeutlichte, wie wichtig es ist, in Zeiten der Krise professionelle Hilfe in Anspruch zu nehmen und sich auf seine innere Stärke zu besinnen. Trotz all dieser Herausforderungen habe ich heute gelernt, dass man aus solchen Situationen gestärkt und weiser hervorgehen kann.

Ich erhielt eine unglaubliche Unterstützung von Ärzten, meiner Familie und meinen Freunden, und heute bin ich dankbar, dass ich den Weg der Behandlung eingeschlagen habe. Die Worte meiner behandelnden Chefärztin bleiben mir bis heute im Gedächtnis: "Sie sind auf einer Autobahn unterwegs, und die Geschwindigkeit, mit der Sie fahren, nimmt zu, ohne dass irgendwo eine Ausfahrt in Sicht wäre. Sie müssen runter von dieser Autobahn, oder Sie überleben es unter Umständen nicht."

Ich übte eine berufliche Tätigkeit aus, die mir damals unglaublich gut gefiel, aber sie tat mir nicht gut. Sie brachte mich an den Rand meiner psychischen und physischen Belastbarkeit. Ich war so vertieft in meine Arbeit, dass ich die negativen Auswirkungen auf meine Gesundheit nicht bemerkte. Mein Ehrgeiz und meine Hingabe für den Job hatten dazu geführt, dass ich auf eine gefährliche Autobahn geraten war, die mich unaufhaltsam vorantrieb.

Aber dank der Unterstützung von Ärzten und meiner Familie erkannte ich noch rechtzeitig die Gefahr, in der ich mich befand. Sie ermutigten mich, Hilfe zu suchen, anzunehmen und die Autobahn zu verlassen, bevor es zu spät war. Die Worte meiner Chefärztin waren ein Weckruf. Sie brachten mir bei, dass es nicht ausreichte, einen Job zu haben, den man liebt, wenn er gleichzeitig die eigene Gesundheit bedroht.

Heute, nach mehrjähriger Therapie und meinem neuen Blick auf die Zukunft, bin ich froh, dass ich diese Entscheidung getroffen habe. Ich habe gelernt, dass es wichtig ist, auf die Warnzeichen und auf eine gesunde Balance zwischen Arbeit und Leben zu achten. Mein Job mag mir damals viel bedeutet haben, aber ich habe erkannt, dass es nichts wert ist, wenn es auf Kosten meiner Gesundheit geht. Ich habe die Autobahn verlassen und stattdessen einen Weg eingeschlagen, der mir eine nachhaltige und erfüllende Zukunft ermöglicht.

Kapitel 2: Die Entstehung von Burnout

2.1 Ursachen und Auslöser

Die Komplexität von Burnout zeigt sich in seinen unterschiedlichen Ursachen, die von Person zu Person variieren können. Meistens entsteht dieses Erschöpfungssyndrom jedoch durch eine facettenreiche Kombination aus beruflichen, persönlichen und sozialen Faktoren. Im Folgenden sind einige häufige Ursachen und Auslöser von Burnout aufgeführt:

1. Arbeitsbelastung und Überforderung:

- ✓ Hohe Arbeitslast und übermäßiges Arbeitspensum
- ✓ Unrealistische Erwartungen und unerreichbare Ziele
- ✓ Ständiger Zeitdruck und enge Fristen
- ✓ Überstunden und unregelmäßige Arbeitszeiten

2. Mangel an Kontrolle und Autonomie:

- ✓ Fehlende Entscheidungsbefugnis bei der Arbeit
- ✓ Begrenzte Möglichkeiten, den Arbeitsablauf selbst zu gestalten
- ✓ Das Gefühl, keine Kontrolle über die eigene Arbeit zu haben

3. Beziehungsprobleme am Arbeitsplatz:

- ✓ Konflikte mit Kollegen, Vorgesetzten oder Kunden
- ✓ Mangelnde soziale Unterstützung und Teamarbeit
- ✓ Isolation und das Gefühl, allein gelassen zu sein

4. Werte- und Identitätskonflikte:

- ✓ Das Gefühl, dass die eigenen Werte und Ziele nicht mit den Anforderungen des Arbeitsplatzes vereinbar sind
- ✓ Die Entfremdung von der eigenen Arbeit und dem eigenen Berufsfeld

5. Mangelnde Anerkennung und Belohnung:

- ✓ Das Fehlen von positivem Feedback und Wertschätzung
- ✓ Ungerechte Vergütung oder fehlende berufliche Entwicklungschancen

6. Arbeitsplatzunsicherheit:

- ✓ Angst vor Arbeitsplatzverlust oder Entlassung
- ✓ Unsicherheit über die Zukunft des Unternehmens oder der Branche

7. Persönliche Eigenschaften und Merkmale:

- ✓ Perfektionismus und übertriebener Ehrgeiz
- ✓ Hohe Selbstkritik und geringes Selbstwertgefühl
- ✓ Schwierigkeiten beim Nein-Sagen und bei der Grenzsetzung

8. Chronischer Stress:

- ✓ Belastungen außerhalb der Arbeit, wie familiäre Probleme oder finanzielle Sorgen, die sich auf die Arbeitsfähigkeit auswirken

9. Arbeitsumgebung und Organisationskultur:

- ✓ Toxische Arbeitsumgebungen, in denen übermäßiger Druck und ungesunde Werte vorherrschen
- ✓ Mangelnde Unterstützung und Ressourcen seitens des Arbeitgebers

10. Berufswahl und Lebensphasen:

- ✓ Die Wahl eines Berufs, der nicht den persönlichen Interessen oder Fähigkeiten entspricht
- ✓ Herausforderungen, die sich aus Lebensveränderungen wie Elternschaft oder Pflegeverantwortung ergeben

Es ist wichtig zu beachten, dass Burnout nicht ausschließlich auf den Arbeitsplatz beschränkt ist, sondern auch durch persönliche Faktoren und die Interaktion zwischen Arbeit und Leben beeinflusst werden kann. Menschen haben unterschiedliche Bewältigungsstrategien und Widerstandsfähigkeit gegenüber diesen Ursachen und Auslösern. Die Identifizierung und der Umgang mit diesen Faktoren sind entscheidend, um Burnout zu verhindern und zu bewältigen.

2.2 Risikofaktoren und Vulnerabilität

Wie bereits erwähnt, spielen die individuellen Risikofaktoren und Vulnerabilität (Verwundbarkeit, Verletzbarkeit) eine wichtige Rolle bei der Entwicklung von Burnout. Diese Faktoren können das Risiko erhöhen, dass eine Person anfälliger für Burnout wird. Es ist wichtig, diese Risikofaktoren zu erkennen, um Präventions- und Unterstützungsmaßnahmen gezielt einzusetzen.

1. Arbeitsbezogene Risikofaktoren:

- Hohe Arbeitsbelastung und Überforderung, einschließlich Überstunden
- Stressige Arbeitsumgebung mit wenig Kontrolle über die Arbeit
- Konflikte am Arbeitsplatz und schlechtes Arbeitsklima
- Mangelnde Unterstützung vom Vorgesetzten oder den Kollegen
- Berufsfelder, die von Natur aus emotional belastend sind, wie Gesundheitswesen, Sozialarbeit oder Rettungsdienste

2. Persönliche Eigenschaften und Merkmale:

- Perfektionismus und der Drang, ständig hohe Standards zu erfüllen
- Hohe Selbstkritik und das Gefühl, nie gut genug zu sein

- Ein geringes Selbstwertgefühl oder ein negatives Selbstbild
- Schwierigkeiten bei der Bewältigung von Stress und der Entwicklung von Stressbewältigungsstrategien
- Ein starkes Bedürfnis nach Anerkennung und Erfolg

3. Lebenssituation:

- Vorhandensein von persönlichen Belastungen außerhalb der Arbeit, wie familiäre Probleme, finanzielle Schwierigkeiten oder gesundheitliche Herausforderungen
- Phasen des Übergangs im Leben, wie Elternschaft oder Pflegeverantwortung, die zusätzlichen Stress verursachen können
- Eingeschränkte Möglichkeiten zur Erholung und Freizeitgestaltung aufgrund von Verpflichtungen außerhalb der Arbeit

4. Berufliche Entwicklung:

- Das Streben nach beruflichem Aufstieg oder das Erreichen von Zielen ohne ausreichende Unterstützung oder angemessene Belohnung
- Das Fehlen von beruflicher Weiterentwicklung oder die Wahrnehmung von begrenzten Karrieremöglichkeiten
- Das Gefühl, in einer Sackgasse zu stecken oder sich beruflich nicht weiterzuentwickeln

5. Soziale Unterstützung:

- Ein Mangel an sozialer Unterstützung von Freunden, Familie oder Kollegen kann das Risiko für Burnout erhöhen, da Unterstützungssysteme fehlen, um mit Stress umzugehen.
- Konflikte oder Probleme in sozialen Beziehungen können ebenfalls dazu beitragen.

Nicht jeder, der diese Risikofaktoren aufweist, wird zwangsläufig an Burnout erkranken. Die Kombination von Risikofaktoren und individueller Vulnerabilität variiert von Person zu Person. Ein ganzheitlicher Ansatz zur Prävention und Bewältigung von Burnout umfasst die Identifizierung und den Umgang mit diesen Risikofaktoren, die Förderung von Selbstfürsorge und Stressbewältigungsfähigkeiten sowie die Schaffung einer unterstützenden Arbeitsumgebung.

2.3 Wie ich die Anzeichen des Burnouts erkannt habe

Kurz gesagt habe ich die Anzeichen eines Burnouts anfangs überhaupt nicht bewusst wahrgenommen, geschweige denn darauf reagiert. Stattdessen habe ich sie ignoriert. Im Nachhinein ist mir klar geworden, wie wichtig es ist, auf sich selbst zu hören und sensibel in sich hineinzuhorchen, um Veränderungen zu bemerken. Frühzeitiges Erkennen und Handeln kann entscheidend sein, um eine Verschlimmerung der Erkrankung zu verhindern.

In meinem Fall wurde mir auch aufgrund meiner Unkenntnis erst sehr spät bewusst, dass ich tatsächlich an einem Burnout litt. Ich wollte funktionieren und schob körperliche Beschwerden wie Verspannungen, Kopfschmerzen, leichte Konzentrationsprobleme, vermehrtes Schwitzen, innere Unruhe und Gereiztheit zur Seite, indem ich dachte, dass diese Symptome vorübergehend seien und von selbst verschwinden würden. Doch sie wurden nicht besser.

Erst im Nachhinein aufgrund von Gesprächen mit Therapeuten habe ich akzeptiert, dass diese Symptome Anzeichen für meine Überlastung und mein Nachlassen der psychischen Gesundheit waren. Es war ein schmerzhafter Lernprozess zu verstehen, dass das Ignorieren meiner Anzeichen dazu führte, dass meine Situation immer schlimmer wurde, bis ich schließlich nicht mehr anders konnte und professionelle Hilfe suchen musste.

Meine Anzeichen waren:

- **Anhaltende Erschöpfung:** Ich begann, mich konstant müde und erschöpft zu fühlen, selbst nach ausreichendem Schlaf. Diese Erschöpfung schien nicht durch Erholung oder Freizeitaktivitäten nachzulassen.

- **Verminderte Leistungsfähigkeit:** Trotz meiner bisherigen Erfolge im Beruf begann meine Leistung nachzulassen. Es wurde schwieriger, mich auf meine

Aufgaben zu konzentrieren und diese effizient zu erledigen.

- **Emotionale Erschöpfung:** *Ich bemerkte eine Zunahme von negativen Emotionen wie Reizbarkeit, Frustration und Niedergeschlagenheit. Die Freude an meiner Arbeit und anderen Aktivitäten, die mir früher Spaß gemacht hatten, schwand.*

- **Körperliche Symptome:** *Ich begann, körperliche Symptome wie Kopfschmerzen, Magenprobleme, vermehrtes Schwitzen und Schlafstörungen zu entwickeln. Diese Beschwerden schienen direkt mit meinem Stress und meiner Überlastung zusammenzuhängen.*

- **Soziale Isolation:** *Ich zog mich immer mehr von Freunden und Familie zurück. Die Lust auf soziale Aktivitäten nahm ab, und ich fühlte mich oft isoliert.*

- **Zynismus und Gleichgültigkeit:** *Ich entwickelte eine zynische Haltung gegenüber meiner Arbeit und meinen Kollegen. Die Motivation, mich für berufliche Ziele einzusetzen, ging verloren.*

- **Verändertes Ess- und Schlafverhalten:** *Mein Essverhalten veränderte sich, und ich griff häufig zu ungesunden Lebensmitteln oder verlor sogar das Interesse am Essen. Mein Schlafmuster wurde unregelmäßig, und ich hatte Schwierigkeiten beim Einschlafen oder Aufwachen.*

- *Konzentrationsprobleme:* Es fiel mir schwer, mich auf Aufgaben zu konzentrieren, und ich hatte Schwierigkeiten, Informationen zu verarbeiten oder mich an Dinge zu erinnern.

- *Vermindertes Selbstwertgefühl:* Mein Selbstwertgefühl nahm ab, und ich begann, an meinen Fähigkeiten und meinem Wert zu zweifeln.

- *Häufige Krankheit:* Ich wurde anfälliger für Krankheiten, da mein Immunsystem geschwächt war.

Es war eine Zeit, in der ich ständig von Ungeduld geplagt wurde. Es fiel mir außerordentlich schwer, Entscheidungen zu treffen, und oft war ich so passiv, dass es mir unmöglich erschien, auch nur die einfachsten Aufgaben zu bewältigen.

In dieser Zeit fühlte es sich für mich an, als ob ich eine schwere Kugel am Bein mit mir herumschleppen müsste. Jeder Schritt war eine enorme Anstrengung, und ich konnte kaum vorwärtskommen. Das Gewicht dieser unsichtbaren Last drückte mich förmlich nach unten.

Es war, als ob ich unter einer erdrückenden Glocke lebte, die meine Sicht auf die Welt einschränkte und die Luft zum Atmen raubte. Jeder Gedanke, jede Handlung und jeder Versuch, aus diesem Zustand auszubrechen, schienen von dieser erstickenden Schwere überlagert zu sein.

Die Kombination aus der metaphorischen Kugel am Bein und der beklemmenden Glocke darüber soll auf eindrucksvolle Weise verdeutlichen, wie erdrückend und belastend die Symptome meines Burnouts für mich waren. Ich verwende *diese Metaphern, um die Intensität meiner Erfahrungen zu beschreiben und anderen zu vermitteln, wie es sich anfühlt, in einem solchen Zustand gefangen zu sein.*

Dinge, die ich eigentlich erledigen sollte, schob ich immer wieder auf den nächsten Tag. Die Aufgaben häuften sich an, und ich fand keinen Ausweg aus dieser endlosen Verzögerungsschleife. Die Unfähigkeit, Aktivitäten zu ergreifen, um Aufgaben abzuschließen, verstärkte mein Gefühl der Unzulänglichkeit. Dies führte dazu, dass ich mich selbst mehrfach kontrollierte, meine Gedanken und Handlungen in einem ständigen Kreislauf der Selbstzweifel überprüfte. Der Blick auf die Welt war für mich überwiegend negativ geprägt. Ich konnte die positiven Aspekte des Lebens kaum noch wahrnehmen, bzw. zulassen. Eine Ruhepause konnte bzw. wollte ich mir nicht erlauben, denn in meinem Kopf war noch so viel zu erledigen. Der Druck, alles perfekt zu machen, trieb mich weiter an, selbst wenn mein Körper und Geist längst am Limit waren.

Mit zunehmender Intensität dieser Anzeichen konnte ich sie nicht mehr einfach ignorieren oder unterdrücken. Es wurde mir bewusst, dass diese Symptome über einen längeren Zeitraum anhielten und sich nicht einfach in Luft auflösen würden. In einem schmerzhaften Moment der Erkenntnis wurde mir klar, dass etwas in meinem Leben nicht in Ordnung war. Doch bedauerlicherweise zögerte ich, rechtzeitig Unterstützung zu suchen.

Bis zu diesem Zeitpunkt hatte ich die Anzeichen eines Burnouts nie wirklich in Betracht gezogen. Ich verdrängte sie, indem ich mir einredete, dass es sich nur um eine vorübergehende Phase handelte, die im Leben jeden einmal erfasst. Ähnlich wie die guten und weniger guten Phasen, die wir alle durchmachen, sah ich die Symptome als etwas an, was sich mit der Zeit von selbst bessern würde.

Die trügerische Annahme, dass alles von selbst heilen würde, führte dazu, dass ich die Ernsthaftigkeit meiner Situation unterschätzte. Dabei wurde mir nicht bewusst, dass Burnout keine vorübergehende Schwäche ist, sondern eine ernsthafte gesundheitliche Herausforderung darstellt, die professionelle Unterstützung erfordert, genauso wie ein gebrochenes Bein ärztliche Hilfe erfordert.

Ein wesentlicher Aspekt, der mich zunächst daran hinderte, Hilfe zu suchen, war das persönliche Schamgefühl, das mit meiner Situation einherging. Es fühlte sich an, als ob ich versagen würde oder als ob ich zu schwach wäre, um mit den Herausforderungen des Lebens umzugehen. Dieses Stigma, das Burnout oft begleitet, machte es schwer, sich einzugestehen, dass man Hilfe benötigt.

Kapitel 3: Die Phasen des Burnouts

Ein Burnout lässt sich in mehrere Phasen gliedern. Diese Phasen des Burnouts entwickeln sich in den meisten Fällen schleichend, und es ist wichtig, frühzeitig Anzeichen zu erkennen, um geeignete Maßnahmen zur Prävention und Bewältigung zu ergreifen.

Im Folgenden sind die typischen Phasen des Burnouts aufgeführt, jeweils mit den zugehörigen Symptomen. Sie können Ihre eigenen Symptome überprüfen und sich selbst einschätzen, um festzustellen, ob Anzeichen einer Burnout-Phase bei Ihnen vorliegen könnten. Bitte beachten Sie, dass diese Selbstbewertung keine medizinische Diagnose darstellt, sondern dazu dient, sich selbst zu reflektieren. Wenn Sie denken, dass Sie Anzeichen von Burnout zeigen, ist es ratsam, professionelle Hilfe in Anspruch zu nehmen.

Die verschiedenen Phasen eines Burnouts können je nach Quelle und Interpretation unterschiedlich benannt werden, aber im Allgemeinen werden sie häufig wie folgt bezeichnet:

3.1 Die Alarmphase: Erkennen der Warnzeichen

Die Alarmphase ist der erste Schritt in der Entwicklung von Burnout und beinhaltet das Erkennen der Warnzeichen und Frühsymptome, die auf eine zunehmende Belastung hinweisen. Es ist entscheidend, diese Anzeichen frühzeitig zu erkennen, um Präventions- und Bewältigungsmaßnahmen einzuleiten, bevor sich Burnout weiter entwickeln kann.

Hier sind einige häufige Warnzeichen in der Alarmphase:

1. Körperliche Symptome:

☐ Schlafstörungen, wie Schlaflosigkeit oder unruhiger Schlaf

☐ Müdigkeit und Erschöpfung, auch nach ausreichendem Schlaf

☐ Kopfschmerzen, Muskelverspannungen und andere körperliche Beschwerden

☐ Magen-Darm-Probleme, wie Verdauungsstörungen oder Magenschmerzen

2. Emotionale Anzeichen:

☐ Zunehmende Reizbarkeit und Gereiztheit

☐ Stimmungsschwankungen, einschließlich häufiger Momente der Frustration oder Niedergeschlagenheit

☐ Verlust von Freude und Interesse an früheren Aktivitäten

☐ Gefühl von Überforderung und Hilflosigkeit

3. Soziale Veränderungen:

☐ Rückzug von sozialen Aktivitäten und Isolation von Freunden und Familie

- [ ] Schwierigkeiten bei der Konzentration und dem Gedächtnis, sowohl bei der Arbeit als auch im Alltag
- [ ] Veränderungen im Kommunikationsverhalten, wie vermehrte Reizbarkeit gegenüber Kollegen oder Angehörigen

4. Veränderungen im Arbeitsverhalten:

- [ ] Nachlassen der Produktivität und Leistungsfähigkeit
- [ ] Anhäufung von Aufgaben und Aufschieben von Verantwortlichkeiten
- [ ] Zunehmende Unzufriedenheit und das Gefühl, dass die Arbeit nicht bewältigt werden kann

5. Schlafstörungen:

- [ ] Schlaflosigkeit oder häufiges Aufwachen in der Nacht
- [ ] Schwierigkeiten beim Einschlafen oder Durchschlafen
- [ ] Frühmorgendliches Erwachen und Unfähigkeit, wieder einzuschlafen

Wenn Sie diese Warnzeichen bei sich selbst oder bei jemand anderem bemerken, ist es wichtig, wie bereits mehrfach erwähnt, diese ernst zu nehmen und Maßnahmen zu ergreifen. Die Alarmphase bietet die Gelegenheit, präventive Schritte zu unternehmen, um Burnout zu verhindern oder die Belastung zu reduzieren. Dazu können das Gespräch mit

Vorgesetzten über die Arbeitsbelastung, die Entwicklung von Stressbewältigungsstrategien, die Einbeziehung von sozialer Unterstützung und gegebenenfalls die Inanspruchnahme professioneller Hilfe durch einen Therapeuten oder Psychologen gehören.

Frühzeitig Maßnahmen zu ergreifen ist entscheidend, um die Chancen der Prävention oder erfolgreichen Bewältigung von Burnout zu maximieren.

3.2 Die Widerstandsphase: Aufrechterhaltung der Arbeit trotz Belastung

Die Widerstandsphase ist die zweite Phase im Prozess der Burnout-Entwicklung und beinhaltet die Aufrechterhaltung der Arbeit trotz zunehmender Belastung und Erschöpfung. In dieser Phase versuchen viele Menschen, trotz der Warnzeichen und Stresssymptome ihre Arbeitsverpflichtungen zu erfüllen. Es ist wichtig zu verstehen, dass die Widerstandsphase zwar eine kurzfristige Bewältigungsstrategie darstellt, langfristig jedoch zu schwerwiegenderen gesundheitlichen Problemen führen kann.

Häufige Merkmale und Herausforderungen der Widerstandsphase sind:

☐ Steigende Belastung: In der Widerstandsphase nehmen die beruflichen und persönlichen Belastungen oft weiter zu. Die Arbeit kann sich häufen, und die Erwartungen am Arbeitsplatz können weiter steigen.

☐ Anhaltende Anstrengung: Betroffene setzen große Anstrengungen ein, um ihre beruflichen Verpflichtungen zu erfüllen. Sie arbeiten möglicherweise länger, nehmen Arbeit mit nach Hause oder opfern ihre Freizeit.

☐ Vernachlässigung der eigenen Bedürfnisse: In dieser Phase wird häufig die eigene Gesundheit und das eigene Wohlbefinden vernachlässigt. Schlafmangel, ungesunde Ernährung und mangelnde Bewegung können auftreten.

☐ Abnahme der Selbstfürsorge: Selbstfürsorgeaktivitäten wie Entspannung, soziale Aktivitäten und Hobbys werden oft aufgegeben oder stark eingeschränkt.

☐ Emotionale Anpassung: Menschen in der Widerstandsphase können ihre Emotionen oft unterdrücken oder verbergen, um nach außen hin funktionierend zu erscheinen. Sie setzen eine Fassade auf, um ihre Probleme zu verbergen.

☐ Gefühl der Überforderung: Trotz der Anstrengungen und Opfer können Betroffene das Gefühl haben, dass ihre Leistung nachlässt, was zu Frustration und dem Gedanken führen kann, dass ihre Arbeit nie ausreicht.

☐ Risiko für Burnout-Verschlechterung: Die Widerstandsphase kann dazu führen, dass die Symptome von Burnout fortschreiten und sich verschlimmern.

Die anhaltende Belastung kann zu einer Verschlimmerung von Stress, Erschöpfung und emotionalen Problemen führen.

Es ist essenziell zu betonen, dass die Bewältigung von Burnout nicht darin besteht, in der Widerstandsphase zu verharren. Diese Phase sollte als Weckruf dienen, um dringend Maßnahmen zur Stressbewältigung, Selbstfürsorge und zur Schaffung einer gesunden Work-Life-Balance zu ergreifen. Das Erkennen und Akzeptieren der eigenen Grenzen ist ein entscheidender Schritt, um eine Verschlimmerung von Burnout zu verhindern und die Genesung zu fördern. Dies kann die Suche nach professioneller Hilfe, die Anpassung von Arbeitsbedingungen oder die Unterstützung durch Vorgesetzte und Kollegen umfassen.

3.3 Die Erschöpfungsphase: Eintritt in den Burnout-Zustand

Die Erschöpfungsphase ist die dritte Phase im Prozess der Burnout-Entwicklung und markiert den Eintritt in den Burnout-Zustand. In dieser Phase erreicht die Belastung am Arbeitsplatz und die damit verbundene körperliche, emotionale und mentale Erschöpfung ein kritisches Maß. Die Symptome werden schwerwiegender und haben erhebliche Auswirkungen auf die Gesundheit und das Wohlbefinden.

1. Körperliche Symptome:

- ☐ Schwere körperliche Erschöpfung und Energiemangel
- ☐ Chronische Müdigkeit, die sich selbst durch Schlaf nicht lindern lässt
- ☐ Häufige körperliche Beschwerden wie Kopfschmerzen, Magenprobleme und Muskelverspannungen

2. Emotionale Anzeichen:

- ☐ Tiefe emotionale Erschöpfung und das Gefühl, "ausgebrannt" zu sein
- ☐ Anhaltende Traurigkeit, Hoffnungslosigkeit und Niedergeschlagenheit
- ☐ Zunehmende Reizbarkeit und das Fehlen positiver Emotionen

3. Kognitive Symptome:

- ☐ Beeinträchtigte Konzentrationsfähigkeit und Gedächtnisprobleme
- ☐ Gedankenkreisen, Selbstzweifel und negative Gedankenmuster
- ☐ Schwierigkeiten beim Treffen von Entscheidungen und beim Problemlösen

4. Soziale Rückzug und Isolation:

- ☐ Zurückziehen von sozialen Aktivitäten und sozialen Kontakten

☐ Schwierigkeiten, Beziehungen aufrechtzuerhalten und emotionale Distanz zu anderen

5. Veränderungen im Arbeitsverhalten:

☐ Starke Abnahme der Produktivität und Leistungsfähigkeit
☐ Zunehmende Fehlzeiten am Arbeitsplatz aufgrund von körperlicher oder emotionaler Erschöpfung
☐ Das Gefühl, dass die Arbeit nicht mehr bewältigt werden kann

6. Physische Gesundheitsprobleme:

☐ In dieser Phase steigt das Risiko für physische Gesundheitsprobleme wie Bluthochdruck, Herz-Kreislauf-Erkrankungen, Immunschwäche und eine erhöhte Anfälligkeit für Infektionen.

Die Erschöpfungsphase kann schwerwiegende Auswirkungen auf das allgemeine Wohlbefinden und die Lebensqualität haben. In dieser Phase sind professionelle Hilfe und Unterstützung dringend erforderlich. Therapie, Psychotherapie, Stressbewältigungsstrategien und gegebenenfalls Medikamente können Teil eines umfassenden Ansatzes zur Bewältigung sein. Die Genesung kann langwierig sein, erfordert jedoch die Akzeptanz der eigenen Bedürfnisse und den Schutz der eigenen Gesundheit als oberste Priorität. Parallel ist es auch wichtig, Arbeitsbedingungen zu überdenken, um ein erneutes Auftreten von Burnout zu verhindern.

3.4 Die Zusammenbruchsphase: Symptome und Folgen

Die Zusammenbruchsphase ist die vierte und schwerwiegendste Phase im Prozess der Burnout-Entwicklung. In dieser Phase erleben Betroffene eine umfassende körperliche und psychische Erschöpfung, die zu schweren gesundheitlichen und beruflichen Problemen führt.

Häufige Symptome und Folgen sind:

1. Schwere körperliche und psychische Erschöpfung:

- ☐ Anhaltende und überwältigende Erschöpfung, die selbst grundlegende Alltagsaktivitäten beeinträchtigt
- ☐ Die Unfähigkeit, die Arbeit zu bewältigen oder produktiv zu sein
- ☐ Körperliche Symptome wie Schlafstörungen, Kopfschmerzen und Verdauungsprobleme verschlimmern sich

2. Psychische Gesundheitsprobleme:

- ☐ Schwere depressive Symptome, wie tiefe Traurigkeit und Hoffnungslosigkeit

- ☐ Angststörungen und Panikattacken können auftreten oder sich verschlimmern
- ☐ Suizidgedanken oder das Gefühl der Wertlosigkeit können auftreten

3. Verlust der Arbeitsfähigkeit:

- ☐ Häufige Fehlzeiten am Arbeitsplatz aufgrund von körperlicher und psychischer Erschöpfung
- ☐ Die Unfähigkeit, beruflichen Anforderungen gerecht zu werden, führt zu Konflikten mit Vorgesetzten und Kollegen
- ☐ Die Arbeitsleistung ist drastisch beeinträchtigt oder kommt zum Stillstand

4. Sozialer Rückzug:

- ☐ Isolation von Freunden und Familie nimmt weiter zu
- ☐ Das soziale Netzwerk bricht zusammen, da Beziehungen vernachlässigt werden
- ☐ Die Kommunikation mit anderen wird stark eingeschränkt

5. Gesundheitliche Probleme:

In dieser Phase besteht ein erhöhtes Risiko für schwerwiegende gesundheitliche Probleme, einschließlich Herz-Kreislauf-Erkrankungen, hohem Blutdruck, Diabetes und anderen stressbedingten Erkrankungen.

6. Professionelle Konsequenzen:

☐ Der Verlust des Arbeitsplatzes oder das vorzeitige Ausscheiden aus dem Beruf ist möglich

☐ Langwierige Erholungszeiten oder Rehabilitationsbedarf können erforderlich sein

7. Langfristige Auswirkungen:

Ohne rechtzeitige Intervention können die Auswirkungen der Zusammenbruchsphase langanhaltend und schwerwiegend sein. Die Genesung kann Monate oder sogar Jahre dauern, und Betroffene könnten dauerhafte psychische und körperliche Gesundheitsprobleme erleiden.

Es ist entscheidend zu betonen, dass professionelle Hilfe in dieser Phase unerlässlich ist. Ein kompetenter Therapeut oder Psychiater kann Unterstützung bieten, um die Symptome zu bewältigen, eine geeignete Behandlung zu empfehlen und Sicherheitsmaßnahmen zu ergreifen, wenn suizidale Gedanken auftreten. Es ist nie zu spät, um Unterstützung zu suchen und mit der Genesung von Burnout zu beginnen, aber es erfordert in dieser Phase dringende Maßnahmen, um die Gesundheit und das Leben zu schützen. Burnout sollte als ernsthafte psychische Gesundheitsstörung behandelt werden, die rechtzeitig erkannt und behandelt werden muss.

3.5 Meine Erfahrungen während der verschiedenen Phasen

Rückblickend erkenne ich, dass ich fast alle Phasen des Burnouts durchlebt habe, ohne sie bewusst wahrgenommen zu haben. Die Symptome der verschiedenen Phasen des Burnouts entwickelten sich bei mir allmählich und verschärften sich dann rapide, bis ich schließlich in die Zusammenbruchsphase geriet.

Es begann mit Schlafstörungen und Verspannungen im Nacken, die ich auf das Alter schob und als normal ansah. Die berufliche Belastung nahm zu, ich arbeitete immer länger und vernachlässigte dabei meine körperliche Fitness. Obwohl es mir immer schlechter ging, spielte ich vor, dass alles in Ordnung sei. Im Nachhinein betrachtet, wurden meine Burnout-Symptome immer deutlicher. Die Erschöpfung nahm zu, ich wurde reizbarer und entwickelte einen ungesunden Perfektionismus. Ich fühlte mich konstant gehetzt, da ich beruflich hohe Umsatzerwartungen erfüllen musste, und spürte buchstäblich den Druck auf meinen Zähnen. Schlafprobleme, wie frühmorgendliches Erwachen und Albträume, wurden zur Routine. Es war unglaublich anstrengend, diese Anzeichen vor meinem sozialen Umfeld zu verbergen.

Mit der Zeit verlor ich meine Antriebskraft, mein Selbstvertrauen schrumpfte, und mein Geist war von einem endlosen Gedankenkarussell besetzt. Ich fühlte mich völlig überfordert, was zu sozialer Isolation führte. Schließlich erreichte ich den Punkt, an dem ich nicht mehr arbeiten konnte und mich krankschreiben lassen musste.

Ich hatte in meinem Leben zahlreiche Herausforderungen gemeistert, aber ich ignorierte stets die Warnzeichen. Ich kämpfte mich einfach durch und versuchte, meine Schwierigkeiten vor anderen zu verbergen. Es war, als ob ich funktionieren müsste, egal wie hoch der Preis war. Professionelle psychologische Hilfe zu suchen, kam mir nie in den Sinn. Vor meiner Erkrankung dachte ich, dass Einrichtungen wie das Zentrum für Integrative Psychiatrie (ZIP) Orte für Menschen mit schweren psychischen Problemen wären, so wie sie oft in Filmen dargestellt wurden. Ich hatte Vorurteile gegenüber der psychischen Gesundheitsversorgung, die sich im Nachhinein als unbegründet herausstellten.

Dann kamen die Panikattacken. Ich erinnere mich lebhaft an den Augenblick, in dem alles zusammenbrach. Ich war auf dem Weg zu einem Geschäftspartner, um einen Vortrag zu halten, als ich plötzlich merkte, dass ich mich verfahren hatte. An einem Straßenrand angehalten, überkam mich eine überwältigende Angst. Ich zitterte und weinte. Es fühlte sich an, als ob mir die Kontrolle über meinen Körper entglitt, begleitet von einem erdrückenden Druck in meiner Brust und Atemnot. Kurz darauf erlebte ich weitere Panikattacken in verschiedenen Situationen, und ich konnte nicht länger leugnen, dass etwas nicht stimmte. Mein Körper sandte klare Signale, dass es so nicht weitergehen konnte. Es war an der Zeit, professionelle Hilfe zu suchen. Der Gang zum ZIP in Kiel war der wichtigste Schritt auf meinem Weg zur Genesung. Ich habe gelernt, dass es keine Schande ist, Hilfe zu suchen, wenn man sie benötigt. Die Panikattacken waren meine Weckrufe, die mir zeigten, dass es Zeit war, sich um meine psychische Gesundheit zu kümmern. Diese Entscheidung hat mein Leben verändert, indem sie mir die Möglichkeit gegeben hat, mich selbst besser zu verstehen und an meiner Genesung zu arbeiten.

Teil II:
Symptome und Diagnose

Kapitel 4: Burnout-Symptome

4.1 Körperliche Symptome

Mir ist es ein großes Anliegen, auch wenn ich mich wiederhole, nochmals dezidiert auf die Burnout-Symptome einzugehen. Gerade dieses Bewusstsein für die Symptome soll Sie ermutigen, frühzeitig Maßnahmen zu ergreifen, um nicht, wie in meinem Fall beschrieben, bis zur Zusammenbruchsphase weiterzuarbeiten, beziehungsweise auf ärztliche Unterstützung zu verzichten. Sind Sie sich dieser Symptome bewusst, können sie von Ihnen besser eingeordnet werden, Ihnen helfen, gegebenenfalls frühzeitig Ihren Zustand als Erkrankung zu akzeptieren und behandeln zu lassen.

Auch hier können Sie die Kästchen vor den Symptomen ankreuzen, sofern es Sie betrifft, um sich selbst ein optisches Bild Ihres eigenen Ist-Zustands zu erzeugen.

Körperliche Symptome können ein wichtiger Hinweis auf Burnout sein und sind oft ein Teil des Gesamtbildes, das auf eine übermäßige Belastung und Erschöpfung hinweist. Diese Symptome können sowohl in der Alarmphase als auch in den fortgeschrittenen Phasen von Burnout auftreten. Hier sind einige häufige körperliche Symptome, die im Zusammenhang mit Burnout auftreten können:

1. Schlafstörungen:

- ☐ Schlaflosigkeit, Schwierigkeiten beim Einschlafen oder Durchschlafen
- ☐ Frühmorgendliches Erwachen mit der Unfähigkeit, wieder einzuschlafen
- ☐ Unruhiger Schlaf und häufige Albträume

2. Müdigkeit und Erschöpfung:

- ☐ Anhaltende Müdigkeit, selbst nach ausreichendem Schlaf
- ☐ Das Gefühl von Energiemangel und körperlicher Schwäche
- ☐ Die Unfähigkeit, sich ausgeruht zu fühlen, selbst nach Erholungspausen

3. Kopfschmerzen:

- ☐ Häufige Spannungskopfschmerzen oder Migräneanfälle
- ☐ Druckgefühl im Kopf und Nacken

4. Muskelverspannungen und Schmerzen:

- ☐ Verspannungen in Nacken, Schultern und Rücken
- ☐ Muskelschmerzen und Muskelverspannungen
- ☐ Schmerzen in verschiedenen Körperbereichen, oft aufgrund von angespannten Muskeln

5. Magen-Darm-Beschwerden:

- ☐ Verdauungsprobleme wie Magenschmerzen, Übelkeit und Durchfall
- ☐ Reizdarmsyndrom (IBS) oder andere gastrointestinale Probleme

6. Herz-Kreislauf-Symptome:

- ☐ Erhöhter Blutdruck
- ☐ Herzklopfen oder Herzrasen
- ☐ Brustschmerzen oder Engegefühl in der Brust

7. Hautprobleme:

- ☐ Hautausschläge oder Hautirritationen
- ☐ Schuppenflechte oder Ekzeme, die sich verschlimmern können

8. Atemprobleme:

- ☐ Flache Atmung oder Hyperventilation
- ☐ Gefühl von Atemnot oder Erstickungsgefühlen

9. Gewichtsveränderungen:

- ☐ Unbeabsichtigter Gewichtsverlust oder Gewichtszunahme aufgrund von Essveränderungen (übermäßiges Essen oder Appetitverlust)

Ich gebe zu bedenken, dass diese körperlichen Symptome nicht notwendigerweise auf Burnout hinweisen, da sie auch bei anderen gesundheitlichen Problemen auftreten können. Wenn jedoch mehrere dieser Symptome gleichzeitig auftreten und mit beruflichem oder persönlichem Stress in Verbindung gebracht werden können, ist es ratsam, professionelle Hilfe in Betracht zu ziehen. Ein Arzt oder Therapeut kann eine gründliche Untersuchung durchführen, um andere medizinische Ursachen auszuschließen und die richtige Diagnose und Behandlung für Burnout zu empfehlen.

4.2 Emotionale und psychische Symptome

Emotionale und psychische Symptome sind ein wesentlicher Bestandteil des Burnout-Syndroms und können in den verschiedenen Phasen auftreten. Diese Symptome sind oft schwerwiegender und langanhaltender als körperliche Beschwerden.

Nachfolgend finden Sie einige gängige emotionale und psychische Symptome von Burnout sowie deren mögliche Auswirkungen:

1. Emotionale Erschöpfung:

☐ Tiefe Erschöpfung auf emotionaler Ebene, die sich als Gefühl von Leere oder Ausbrennen äußert
☐ Das Unvermögen, positive Emotionen zu erleben oder Freude an früheren Aktivitäten zu empfinden

☐ Verlust der emotionalen Resilienz und das Gefühl, schnell überwältigt zu sein

2. Depressive Symptome:

☐ Anhaltende Traurigkeit, Niedergeschlagenheit und Hoffnungslosigkeit
☐ Interessenverlust an Dingen, die zuvor Freude bereitet haben
☐ Schlafstörungen, Appetitveränderungen und Gewichtsverlust oder -zunahme

3. Angst und innere Unruhe:

☐ Zunehmende Ängstlichkeit und Besorgnis
☐ Gefühl von Nervosität, Anspannung und innerer Unruhe
☐ Häufige Gedanken über bevorstehende Aufgaben oder Sorgen über die Zukunft

4. Reizbarkeit und Gereiztheit:

☐ Erhöhte Reizbarkeit gegenüber anderen, insbesondere am Arbeitsplatz oder zu Hause
☐ Schwierigkeiten, Geduld aufzubringen oder Konflikte friedlich zu lösen
☐ Überempfindlichkeit gegenüber Geräuschen, Licht oder anderen Reizen

5. Konzentrations- und Gedächtnisprobleme:

☐ Beeinträchtigte Konzentrationsfähigkeit und Gedächtnisstörungen
☐ Schwierigkeiten beim Abschließen von Aufgaben oder beim Erinnern von Informationen
☐ Verlangsamtes Denken und Entscheidungsfindung

6. Negative Gedankenmuster:

☐ Zunehmende Selbstkritik und negative Selbstgespräche
☐ Gedanken von Unzulänglichkeit und Versagen
☐ Pessimismus über die Zukunft und das eigene Leben

7. Gefühl von Entfremdung:

☐ Das Gefühl, von der Arbeit, von Kollegen oder von der Gesellschaft entfremdet zu sein
☐ Sozialer Rückzug und Isolation von Freunden und Familie
☐ Das Gefühl, dass niemand die eigenen Probleme oder Gefühle versteht

8. Schuld- und Versagensgefühle:

☐ Das Gefühl, die eigenen beruflichen oder persönlichen Erwartungen nicht erfüllen zu können
☐ Schuldgefühle gegenüber Kollegen, Arbeitgebern oder Familienmitgliedern
☐ Selbstvorwürfe für die eigene Situation

4.3 Soziale Symptome

Soziale Symptome von Burnout beziehen sich auf Veränderungen im Verhalten und in den zwischenmenschlichen Beziehungen, die aufgrund von chronischem Stress und Erschöpfung auftreten können. Diese Symptome können sich sowohl am Arbeitsplatz als auch im persönlichen Leben manifestieren und haben oft negative Auswirkungen auf soziale Interaktionen.

1. Sozialer Rückzug:

☐ Ein häufiges Anzeichen von Burnout ist der Rückzug von sozialen Aktivitäten und sozialen Kontakten.

☐ Betroffene vermeiden oft den Kontakt zu Freunden, Familie und soziale Aktivitäten, um sich zurückzuziehen und zu erholen.

2. Isolation:

☐ Burnout kann dazu führen, dass sich Betroffene sozial isoliert fühlen.

☐ Sie haben möglicherweise das Gefühl, dass niemand ihre Erfahrungen oder Gefühle versteht, was zu einem Gefühl der Entfremdung führt.

3. Verändertes Kommunikationsverhalten:

☐ Menschen mit Burnout können ihr Kommunikationsverhalten ändern, indem sie sich zurückziehen oder weniger offen sind.

☐ Sie könnten auch zunehmend reizbar sein und Schwierigkeiten haben, Geduld und Empathie zu zeigen.

4. Konflikte am Arbeitsplatz und in Beziehungen:

☐ Aufgrund von Reizbarkeit und emotionaler Erschöpfung können Konflikte am Arbeitsplatz häufiger auftreten.

☐ Beziehungen zu Kollegen, Vorgesetzten oder Angehörigen können belastet werden.

5. Vernachlässigung persönlicher Beziehungen:

☐ Aufgrund von beruflichem Stress und Arbeitsanforderungen können persönliche Beziehungen vernachlässigt werden.

☐ Betroffene haben möglicherweise nicht genug Zeit oder Energie, um sich um ihre Familie und Freunde zu kümmern.

6. Veränderungen in sozialen Rollen:

☐ Burnout kann dazu führen, dass Menschen ihre sozialen Rollen und Verantwortlichkeiten vernachlässigen.

☐ Dies kann sich negativ auf die Erziehung, Partnerschaften und Freundschaften auswirken.

7. Geringes Interesse an sozialen Aktivitäten:

- ☐ Menschen mit Burnout verlieren oft das Interesse an Aktivitäten, die sie zuvor genossen haben, einschließlich Hobbys und sozialen Unternehmungen.
- ☐ Sie könnten sich auch zurückziehen und sich stattdessen in Ruhe und Alleinsein flüchten.

8. Mangelnde Unterstützungssysteme:

- ☐ Burnout kann dazu führen, dass Betroffene sich von ihren Unterstützungssystemen distanzieren, was dazu beiträgt, soziale Unterstützung zu reduzieren.

Die sozialen Symptome von Burnout können die Isolation und Entfremdung verstärken, was wiederum das Risiko für weitere Verschlechterungen des Burnout-Zustands erhöht. Daher ist es wichtig, diese Symptome zu erkennen und Unterstützung zu suchen. Soziale Unterstützung von Freunden, Familie und Kollegen kann ein wichtiger Teil des Genesungsprozesses sein. Professionelle Hilfe, wie Psychotherapie oder Coaching, kann auch helfen, soziale Beziehungen zu verbessern und den Umgang mit Burnout zu bewältigen.

4.4 Kognitive Symptome

Kognitive Symptome von Burnout beziehen sich auf Veränderungen im Denken, Gedächtnis und der geistigen Verarbeitung, die häufig bei Menschen auftreten, die unter chronischem Stress und Erschöpfung leiden. Diese kognitiven Symptome können die berufliche und persönliche Funktionsweise erheblich beeinträchtigen.

Häufige Symptome sind:

1. Beeinträchtigte Konzentrationsfähigkeit:

☐ Schwierigkeiten, sich auf Aufgaben oder Gespräche zu konzentrieren
☐ Leicht ablenkbar sein und Schwierigkeiten haben, die Aufmerksamkeit aufrechtzuerhalten

2. Gedächtnisprobleme:

☐ Vergesslichkeit
☐ Schwierigkeiten beim Erinnern von Informationen, Terminen oder Aufgaben

3. Langsameres Denken und Entscheidungsfindung:

☐ Gedankenprozesse können verlangsamt sein, was zu längeren Zeiten für die Problemlösung und Entscheidungsfindung führt
☐ Schwierigkeiten bei der Priorisierung von Aufgaben und der Planung von Handlungen

4. Negative Gedankenmuster:

- ☐ Häufiges Grübeln über negative Gedanken oder Sorgen
- ☐ Zunehmende Selbstkritik und negative Selbstgespräche

5. Geistige Erschöpfung:

- ☐ Ein Gefühl der geistigen Erschöpfung, das sich als "denken, als ob der Kopf leer ist" äußern kann
- ☐ Das Unvermögen, klare und kohärente Gedanken zu fassen

6. Veränderungen im Problemlösungsverhalten:

- ☐ Schwierigkeiten beim Finden von Lösungen für Probleme, die zuvor als lösbar empfunden wurden
- ☐ Gefühl von Hilflosigkeit und Überforderung bei der Bewältigung von Herausforderungen

7. Verminderte Kreativität:

- ☐ Ein Rückgang der Fähigkeit, kreative Ideen zu generieren oder innovative Ansätze zu verfolgen
- ☐ Schwierigkeiten, originelle Lösungen für Probleme zu entwickeln

Kognitive Symptome können dazu führen, dass die berufliche Leistungsfähigkeit abnimmt und die täglichen Aufgaben schwieriger werden. Diese Symptome können auch das Selbstwertgefühl und das Selbstvertrauen beeinträchtigen, da Betroffene das Gefühl haben, dass sie ihren beruflichen Anforderungen nicht mehr gerecht werden können. Es ist wichtig zu betonen, dass kognitive Symptome ein integraler Bestandteil des Burnout-Syndroms sind und nicht nur auf berufliche Herausforderungen beschränkt sein können. Die Bewältigung von Burnout erfordert in der Regel professionelle Hilfe, um sowohl die emotionalen als auch die kognitiven Aspekte der Erkrankung anzugehen. Psychotherapie und Stressbewältigungsstrategien können dazu beitragen, die kognitiven Symptome von Burnout zu mildern und die geistige Gesundheit zu verbessern.

4.5 Wie ich mit meinen eigenen Symptomen umgegangen bin

Als die ersten Anzeichen von Burnout in meinem Leben auftauchten, habe ich sie, wie bereits erwähnt, zunächst nicht bewusst wahrgenommen oder einfach ignoriert. Ich dachte, ich könne damit umgehen und weitermachen, so wie ich es immer getan hatte. Es war, als ob ich die Einschränkungen und Warnsignale in meinem Leben verbergen wollte, sei es vor mir selbst oder vor anderen. Ich hatte immer hohe Ansprüche an mich selbst gestellt und hatte nie wirklich auf meine eigenen Bedürfnisse geachtet. Arbeit und Erfolg waren für mich oberste Priorität, und ich versuchte, alle anderen Aspekte meines Lebens in den Hintergrund zu drängen.

Ich erlebte anhaltende Schlafprobleme, Albträume quälten mich in der Nacht und ich wachte morgens völlig erschöpft auf. Tagsüber litt ich unter starken Verspannungen, besonders im Nacken- und Schulterbereich. Ich konnte mich kaum auf meine Arbeit konzentrieren, und meine Gedanken fühlten sich oft verworren und chaotisch an. Ich nahm eine enorme Ruhelosigkeit an mir war. Fühlte mich ständig gehetzt, wollte permanent Dinge optimieren und machte auch vor Menschen nicht halt, die gegen Regeln verstießen. Ich befasste mich immer häufiger mit Angelegenheiten, die nicht meine waren, mich früher nicht weiter beschäftigt hätten, mich aber während meines Burnouts triggerten.

Die geringste Anspannung brachte mich aus der Fassung, und ich reagierte reizbar und ungeduldig gegenüber anderen Menschen. Die kleinste Veränderung im Arbeitsumfeld löste Ängste und Stress aus, die sich zum Teil in heftigen Panikattacken äußerten. Ich hatte aufgehört, Sport zu treiben, und selbst in meiner Freizeit war ich leistungsorientiert und konnte nicht abschalten. Die sozialen Aktivitäten, die mir einst Freude bereitet hatten, vermied ich nun, und ich zog mich immer mehr zurück. Aber dann kamen die Panikattacken regelmäßiger, und sie konnten nicht mehr ignoriert werden. Sie zwangen mich, innezuhalten und zu erkennen, dass ich mich selbst vernachlässigt hatte. Mein Körper und mein Geist signalisierten mir, dass ich Hilfe und Unterstützung brauchte.

Es war eine sehr schwierige Zeit für mich, aber der entscheidende Moment in meinem Leben war, als ich professionelle Hilfe im ZIP in Kiel suchte. Dort konnte ich meine Symptome und Gefühle mit Fachleuten besprechen und begann, die Ursachen für meinen Burnout zu verstehen.

Die Behandlung war ein langwieriger Prozess, der sich über 3 Jahre erstreckte. Sie umfasste Psychotherapie, kognitive Verhaltenstherapie und andere Formen der Therapie, um meine Gedanken und Verhaltensmuster zu untersuchen und zu verändern. Diese Therapie half mir, Stressbewältigungstechniken zu erlernen und Wege zu finden, um mit meinen Ängsten und Panikattacken umzugehen.

Ich begann auch, meine Lebensweise zu überdenken. Das beinhaltete die Neubewertung meiner Prioritäten, das Setzen von Grenzen und das Erlernen von Selbstfürsorge-Praktiken. Ich erkannte, dass es wichtig ist, Ausgleich zu schaffen und Freizeitaktivitäten in meinen Alltag zu integrieren. Darüber hinaus erhielt ich Unterstützung von meinem sozialen Netzwerk. Familie und Freunde spielten eine wichtige Rolle bei meiner Genesung, da sie mich moralisch unterstützten und mir halfen, den emotionalen Druck zu bewältigen. Meine aktive Behandlung beinhaltete 2 Aufenthalte in Tageskliniken, eine 10-wöchige Reha-Maßnahme sowie eine weitere einjährige kombinierte medizinische und berufliche Rehamaßnahme. Mit der Zeit begannen die Symptome nachzulassen, und ich konnte langsam wieder in ein ausgewogeneres und gesünderes Leben zurückkehren.

Meine Erfahrung mit Burnout hat mich gelehrt, wie wichtig es ist, auf sich selbst zu achten und Hilfe in Anspruch zu nehmen, wenn man sie braucht. Es war ein anspruchsvoller Weg, aber er hat mir geholfen, mich selbst besser zu verstehen und die notwendigen Veränderungen vorzunehmen, um meine psychische Gesundheit und mein Wohlbefinden wiederherzustellen. Dieser Weg wäre nicht so lang gewesen, hätte ich früher auf die Warnsignale gehört. Es war eine schmerzliche Erkenntnis, dass meine anfängliche Ignoranz und das Fortsetzen, als ob nichts geschehen wäre, den Verlauf meines Burnouts nur verschlimmert hatten. In der Retrospektive ist mir klar geworden, dass die Symptome und Warnzeichen bereits in einem früheren Stadium vorhanden waren, aber ich hatte sie entweder nicht erkannt oder bewusst übersehen.

Burnout ist ein Prozess, der sich schleichend entwickelt, und die frühzeitige Erkennung kann den Unterschied machen. Es ist wichtig zu verstehen, dass es keine Schwäche ist, Hilfe zu suchen oder auf die eigenen Grenzen hinzuweisen. Die Selbstfürsorge und das Bewusstsein für unsere psychische Gesundheit sollten immer an erster Stelle stehen, um die persönliche langfristige Gesundheit und das eigene Wohlbefinden zu gewährleisten.

Kapitel 5: Die Burnout-Diagnose
5.1 Diagnostische Kriterien

Wie wird ein Burnout diagnostiziert?

Burnout ist keine formell anerkannte psychische Störung im Diagnosehandbuch der Psychiatrie, dem Diagnostic and Statistical Manual of Mental Disorders (DSM-5) oder in der Internationalen Klassifikation der Krankheiten (ICD-11). Es wird jedoch als ein ernstes Syndrom betrachtet, das eine Kombination von emotionalen, körperlichen und kognitiven Symptomen aufweist und oft in Zusammenhang mit chronischem Stress am Arbeitsplatz steht. Die Diagnose von Burnout erfolgt in der Regel auf der Grundlage von Symptomen und einer gründlichen klinischen Bewertung. Es gibt keine spezifischen diagnostischen Kriterien, wie sie für einige andere psychische Erkrankungen existieren.

Hier sind einige wissenschaftliche Quellen, die sich mit dem Thema Burnout und seiner diagnostischen Einordnung befassen:

Maslach, C., & Leiter, M. P. (2016). Verstehen des Burnout-Erlebens: Aktuelle Forschung und Implikationen für die Psychiatrie. Nervenarzt, 87(5), 459-466.

Bianchi, R., Schonfeld, I. S., & Laurent, E. (2017). Ist Burnout eine depressive Störung? Eine Überprüfung mit besonderem Fokus auf atypische Depression. Psychotherapie, Psychosomatik, Medizinische Psychologie, 67(4), 156-161.

World Health Organization. (2019). Burnout als "berufliches Phänomen": Internationale Klassifikation der Krankheiten (ICD-11). https://www.who.int/mental_health/evidence/burn-out/de/

Schaufeli, W. B., & Taris, T. W. (2005). Die Konzeption und Messung von Burnout: Gemeinsame Grundlagen und unterschiedliche Welten. Zeitschrift für Arbeits- und Organisationspsychologie A&O, 49(1), 3-9.

Diese Quellen bieten eine Übersicht über Definitionen und diagnostische Überlegungen im Zusammenhang mit Burnout, einschließlich seiner Einordnung als "berufliches Phänomen" in der ICD-11 durch die Weltgesundheitsorganisation (WHO). Bitte beachten Sie, dass die formelle Einordnung von Burnout als psychische Störung in verschiedenen Ländern und diagnostischen Handbüchern variieren kann.

Das Diagnostic and Statistical Manual of Mental Disorders (DSM-5) ist das am häufigsten verwendete Diagnosehandbuch der Psychiatrie.

Hier ist eine wissenschaftliche Quelle, die auf das DSM-5 Bezug nimmt: American Psychiatric Association. (2013). Diagnostic and Statistical Manual of Mental Disorders (DSM-5). American Psychiatric Pub.

Das DSM-5 ist ein weit verbreitetes diagnostisches Handbuch, das von Psychiatern und anderen Fachleuten im Gesundheitswesen zur Diagnose von psychischen Störungen verwendet wird. Bitte beachten Sie, dass das DSM-5 Burnout nicht als eigenständige psychische Störung listet, sondern dass es weiterhin Forschungen und Diskussionen über die Einordnung von Burnout in diagnostischen Handbüchern gibt.

Dennoch können Fachleute, wie Psychologen, Therapeuten oder Ärzte, die folgenden allgemeinen Kriterien zur Beurteilung und Diagnose von Burnout verwenden:

1. Anhaltende Erschöpfung: Der Betroffene erlebt eine anhaltende, überwältigende Erschöpfung, die nicht durch ausreichenden Schlaf oder Ruhe gemildert wird.

2. Reduzierte Leistungsfähigkeit: Es kommt zu einem signifikanten Rückgang der beruflichen oder persönlichen Leistungsfähigkeit.

3. Kognitive Beeinträchtigungen: Es treten kognitive Symptome auf, wie Konzentrationsprobleme, Gedächtnisstörungen und eine verminderte Fähigkeit zur Problemlösung.

4. Negative Einstellungen und Emotionen: Betroffene erleben oft negative Emotionen wie Frustration, Gereiztheit, Traurigkeit und Hoffnungslosigkeit in Bezug auf ihre Arbeit oder Lebenssituation.

5. Verändertes Verhalten: Es kann zu Veränderungen im Verhalten kommen, wie sozialer Rückzug, vermehrter Gebrauch von Alkohol oder anderen Bewältigungsmechanismen sowie Vernachlässigung von sozialen Beziehungen und Hobbys.

6. Chronische Stressursache: Burnout ist oft mit chronischem Stress am Arbeitsplatz verbunden, aber es kann auch in anderen Lebensbereichen auftreten.

Die Diagnose von Burnout erfordert normalerweise eine ausführliche klinische Bewertung und den Ausschluss anderer möglicher Ursachen für die Symptome, wie Depressionen oder Angststörungen. Die Behandlung von Burnout besteht primär darin, die Symptome zu lindern, Stressbewältigungsstrategien zu entwickeln und die Lebensqualität zu verbessern, und nicht auf die Anwendung einer spezifischen Diagnose.

5.2 Unterscheidung von Burnout und anderen psychischen Erkrankungen

Die Unterscheidung zwischen Burnout und anderen psychischen Erkrankungen kann herausfordernd sein, da sich die Symptome in einigen Fällen ähneln können. Um eine klare Abgrenzung vorzunehmen, sind hier einige wichtige Kriterien aufgeführt, die helfen können, Burnout von anderen psychischen Gesundheitsproblemen wie Depressionen und Angststörungen zu unterscheiden:

1. Ursache und Kontext:

Burnout ist in der Regel eng mit chronischem beruflichem oder persönlichem Stress verbunden, während Depressionen und Angststörungen verschiedene Ursachen haben können, einschließlich genetischer Veranlagung, Trauma oder neurochemischer Faktoren.

Burnout tritt häufig auf, wenn hohe berufliche Anforderungen mit einem Mangel an Ressourcen und Kontrolle kombiniert werden, während Depressionen und Angststörungen vielfältige Auslöser haben können.

2. Spezifische Symptome:

Burnout zeigt sich oft in körperlicher Erschöpfung, erhöhtem Stress, reduzierter Leistungsfähigkeit und Gedächtnisproblemen, die spezifisch auf die berufliche Umgebung bezogen sein können.

Depressionen werden oft von anhaltender Traurigkeit, Interessenverlust, Schlafstörungen und Schuldgefühlen begleitet, während Angststörungen durch übermäßige Sorgen, Angstzustände und körperliche Symptome wie Herzklopfen gekennzeichnet sein können.

3. Dauer der Symptome:

Burnout ist oft zeitlich begrenzt und tritt in der Regel aufgrund von chronischem Stress auf. Die Symptome bessern sich oft, wenn der Stressfaktor beseitigt oder reduziert wird.

Depressionen und Angststörungen können länger anhalten und treten möglicherweise auch ohne offensichtlichen äußeren Stressor auf.

4. Reaktion auf Veränderungen:

Personen mit Burnout erleben oft eine Verbesserung ihrer Symptome, wenn sie Veränderungen in ihrem Arbeitsumfeld oder ihrem Lebensstil vornehmen, wie z. B. die Reduzierung von Arbeitsbelastungen oder die Einführung von Selbstfürsorgemaßnahmen.

Personen mit Depressionen oder Angststörungen benötigen häufig eine psychotherapeutische Behandlung und möglicherweise medikamentöse Therapie, um ihre Symptome zu lindern.

5. Diagnostische Kriterien:

Burnout ist keine formell anerkannte psychische Störung mit spezifischen diagnostischen Kriterien, während Depressionen und Angststörungen im Diagnostic and Statistical Manual of Mental Disorders (DSM-5) klare diagnostische Kriterien haben.

6. Professionelle Einschätzung:

Die Unterscheidung zwischen Burnout und anderen psychischen Erkrankungen erfordert oft die Einschätzung eines qualifizierten Fachmanns, wie eines Psychologen oder Psychiaters.

Burnout und andere psychische Erkrankungen können sich gegenseitig beeinflussen. Menschen mit Burnout können anfälliger für Depressionen und Angststörungen sein, und umgekehrt. Daher ist es ratsam, bei anhaltenden Symptomen oder Zweifeln professionelle Hilfe in Anspruch zu nehmen, um eine genaue Diagnose und die richtige Behandlung zu erhalten.

5.3 Rolle des Gesundheitswesens bei der Diagnose

Die Rolle des Gesundheitswesens bei der Diagnose von Burnout und der Unterscheidung von anderen psychischen Erkrankungen ist von großer Bedeutung. Hier sind einige Schlüsselaspekte, wie das Gesundheitswesen bei der Diagnose von Burnout eine Rolle spielt:

1. Anamnese und klinische Bewertung:

Gesundheitsfachkräfte, wie Psychologen, Psychiater, Hausärzte und Therapeuten, spielen eine zentrale Rolle bei der Diagnose von Burnout. Sie führen eine gründliche Anamnese und klinische Bewertung durch, um die Symptome zu bewerten und eine genaue Diagnose zu stellen. Dies kann Gespräche über die Symptome, die Krankengeschichte und den Arbeits- oder Lebenskontext umfassen.

2. Ausschluss anderer Ursachen:

Ein wichtiger Schritt bei der Diagnose von Burnout ist der Ausschluss anderer möglicher Ursachen für die Symptome. Dies kann dazu beitragen, andere psychische Erkrankungen wie Depressionen oder Angststörungen auszuschließen. Es ist auch wichtig, körperliche Gesundheitsprobleme zu berücksichtigen, die ähnliche Symptome verursachen könnten.

3. Festlegung von Diagnosekriterien:

Obwohl Burnout keine formell anerkannte psychische Störung mit spezifischen Diagnosekriterien ist, können Gesundheitsfachkräfte diagnostische Kriterien verwenden, um das Vorliegen von Burnout zu bewerten. Dies kann aufgrund von Symptomen wie anhaltender Erschöpfung, reduzierter Leistungsfähigkeit und kognitiven Beeinträchtigungen geschehen.

4. Beratung und Intervention:

Gesundheitsfachkräfte können eine entscheidende Rolle bei der Beratung und Unterstützung von Menschen mit Burnout spielen. Sie können Empfehlungen für geeignete Behandlungsansätze geben, die psychotherapeutische Unterstützung, Stressbewältigungsstrategien und Selbstfürsorge beinhalten können.

5. Prävention und Unterstützung:

Das Gesundheitswesen kann auch bei der Prävention von Burnout eine Rolle spielen, indem es auf die Bedeutung von Stressbewältigung, Work-Life-Balance und psychischer Gesundheit am Arbeitsplatz hinweist. Es kann auch Programme zur Unterstützung von Mitarbeitern entwickeln, um den Umgang mit Stress und Burnout zu verbessern.

6. Zusammenarbeit mit anderen Fachleuten:

In vielen Fällen erfordert die Diagnose und Behandlung von Burnout die Zusammenarbeit mit verschiedenen Fachleuten im Gesundheitswesen, darunter Psychologen, Sozialarbeiter, Ergotherapeuten und Arbeitsmediziner. Diese multidisziplinäre Herangehensweise ermöglicht eine umfassende Betreuung.

Die Rolle des Gesundheitswesens bei der Diagnose von Burnout betont die Bedeutung der frühzeitigen Erkennung und Unterstützung von Menschen, die unter chronischem Stress und Erschöpfung leiden. Eine rechtzeitige Diagnose und Intervention können dazu beitragen, langfristige gesundheitliche Probleme und berufliche Konsequenzen zu verhindern und die Lebensqualität der Betroffenen zu verbessern.

5.4 Mein Weg zur offiziellen Diagnose

Nach meiner ersten Panikattacke konnte ich nicht länger die Augen vor meinen Problemen verschließen. Mein Körper und Geist schrien förmlich nach Hilfe. In dieser schwierigen Phase begann ich, Informationen über meine Symptome zu recherchieren. Ich suchte online nach Informationen, las Bücher über psychische Gesundheit und diskutierte meine Sorgen mit mir nahestehenden Personen.

Schließlich entschied ich mich, meinen Hausarzt zu konsultieren. Dort konnte ich meine Symptome und Ängste besprechen. Mein Hausarzt leitete mich dann ans ZIP in Kiel weiter, um eine tiefere Untersuchung und Beurteilung durchzuführen. Es vergingen mehrere Wochen bis zu meinem ersten Termin im ZIP. Das Warten suggerierte mir, dass ich nicht allein war und viele Menschen das ZIP konsultierten. Ich empfand eine Bestätigung für mein Handeln.

Anmerkung: Im weiteren Verlauf meiner Therapie war ich froh, dass ich mich direkt ans ZIP gewandt hatte und mir nicht später individuell einen Therapeuten suchen musste. Diese Erfahrung habe ich bei meinem ersten Aufenthalt in der Tagesklinik gemacht. Dort wurden Mitpatienten aufgefordert, sich für ihre Folgebehandlung Therapeuten zu suchen. Dies gestaltete sich anscheinend nicht so einfach, da viele Therapeuten aus Zeitgründen keine neuen Patienten aufnehmen konnten. Tendenz steigend.

Ich wurde nach meinem Tagesklinikaufenthalt weiter im ZIP von meiner mir bekannten Therapeutin betreut. Die diagnostischen Gespräche und Tests mit der, in meinem Fall, Psychologin waren intensiv. Sie halfen dabei, meine Symptome und meine Lebensgeschichte besser zu verstehen. Standardisierte psychologische Tests wurden durchgeführt, um die Diagnose zu unterstützen.

Schließlich, nach dieser ausführlichen Untersuchung, erhielt ich meine offizielle Diagnose. Es war ein Moment der Klarheit, und es gab mir Gewissheit über das, was in meinem Leben vor sich ging. Basierend auf dieser Diagnose wurde ein individueller Behandlungsplan entwickelt, der Psychotherapie und andere Interventionen umfasste.

Der Weg zur offiziellen Diagnose war ein wichtiger Schritt in meiner Genesung. Mit der Diagnose und dem Behandlungsplan konnte ich aktiv an meiner Genesung arbeiten. Die Therapie und Unterstützung halfen mir dabei, meine Symptome zu bewältigen und meine Lebensqualität schrittweise zu verbessern. Es war ein herausfordernder Weg, aber er führte mich zu einem tieferen Verständnis meiner selbst und meiner psychischen Gesundheit.

Teil III: Prävention und Bewältigung von Burnout

Kapitel 6: Präventive Maßnahmen
6.1 Selbstfürsorge und Stressmanagement

Selbstfürsorge und Stressmanagement sind entscheidende Strategien zur Prävention von Burnout und zur Förderung der psychischen Gesundheit. Im Folgenden präsentiere ich einige effektive Ansätze und Techniken, die mühelos in den Alltag integriert werden können. Obwohl uns diese Ansätze bekannt sind, neigen wir dazu, sie im Laufe der Zeit aus dem Blick zu verlieren. Es ist jedoch von grundlegender Bedeutung zu erkennen, dass wir bei jeder anderen physischen Erkrankung ähnliche Maßnahmen sofort ergreifen würden. Leider ist das nicht immer der Fall bei psychischen Erkrankungen. Zum Beispiel würden wir bei einem Bänderriss sofort aktiv werden, passende Strategien entwickeln, uns an einen Arzt oder Facharzt wenden, uns behandeln lassen, möglicherweise eine Krankschreibung erhalten, gegebenenfalls Gehhilfen verwenden und den Arbeitsplatz entsprechend anpassen.

Es ist an der Zeit, diesen effektiven Methoden auch für unser seelisches Wohlbefinden die gebührende Aufmerksamkeit zu schenken.

1. Erkennen Sie Ihre Grenzen:

Lernen Sie, Ihre physischen und emotionalen Grenzen zu erkennen und zu respektieren. Übermäßige Arbeitsbelastung kann zu Burnout führen, daher ist es wichtig, Nein zu sagen und sich auf das zu konzentrieren, was wirklich wichtig ist.

2. Schaffen Sie eine ausgewogene Work-Life-Balance:

Bemühen Sie sich, Ihre Arbeit und Ihr Privatleben voneinander zu trennen. Setzen Sie klare Grenzen für Ihre Arbeitszeiten und versuchen Sie, während Ihrer Freizeit abzuschalten und zu entspannen.

3. Pausen einplanen:

Nehmen Sie sich während der Arbeitszeit regelmäßig Pausen, um sich zu erholen und zu regenerieren. Ein kurzer Spaziergang, ein paar tiefe Atemzüge oder eine kurze Meditation können Wunder wirken.

4. Priorisieren Sie Selbstpflege:

Sorgen Sie für ausreichenden Schlaf, eine ausgewogene Ernährung und regelmäßige Bewegung. Eine gesunde Lebensweise ist entscheidend für die Bewältigung von Stress und die Erhaltung der Gesundheit.

5. Entwickeln Sie Stressbewältigungsstrategien:

Erlernen Sie Techniken zur Stressbewältigung, wie z. B. Atemübungen, Meditation, progressive Muskelentspannung oder Yoga. Diese Methoden können helfen, Stress abzubauen und Entspannung zu fördern.

6. Zeitmanagement:

Effizientes Zeitmanagement kann dazu beitragen, Überlastung zu vermeiden. Priorisieren Sie Aufgaben, erstellen Sie To-Do-Listen und planen Sie Pausen ein, um Ihre Produktivität und Ihr Wohlbefinden zu steigern.

7. Soziale Unterstützung suchen:

Pflegen Sie soziale Beziehungen und sprechen Sie mit Freunden oder Familienmitgliedern über Ihre Gefühle und Herausforderungen. Soziale Unterstützung kann eine wichtige Rolle bei der Stressbewältigung spielen.

8. Achtsamkeit praktizieren:

Achtsamkeitsübungen können helfen, im gegenwärtigen Moment zu leben und sich weniger von zukünftigen Sorgen oder vergangenen Ängsten beeinflussen zu lassen. Dies kann dazu beitragen, Stress zu reduzieren.

9. Professionelle Hilfe in Betracht ziehen:

Wenn Sie Schwierigkeiten haben, Stress allein zu bewältigen oder Anzeichen von Burnout zeigen, zögern Sie nicht, professionelle Hilfe in Anspruch zu nehmen. Ein Psychologe oder Therapeut kann Ihnen bei der Bewältigung von Stress und Burnout helfen.

10. Selbstmitgefühl entwickeln:

Seien Sie freundlich und nachsichtig mit sich selbst. Akzeptieren Sie, dass es normal ist, gelegentlich gestresst zu sein, und begegnen Sie sich selbst mit Mitgefühl.

Die regelmäßige Anwendung dieser Selbstfürsorge- und Stressmanagementstrategien kann dazu beitragen, Ihre Widerstandsfähigkeit gegenüber Stress zu stärken und das Risiko von Burnout zu reduzieren. Denken Sie daran, dass Selbstfürsorge eine langfristige Praxis ist, die Zeit und Übung erfordert. Es ist wichtig, auf Ihre eigenen Bedürfnisse zu achten und sich selbst die Pflege und Aufmerksamkeit zu schenken, die Sie verdienen.

6.2 Arbeitsplatzgestaltung und Work-Life-Balance

Insbesondere die Gestaltung des Arbeitsplatzes und die Förderung einer ausgewogenen Work-Life-Balance sind entscheidende Faktoren, um Burnout zu verhindern und die Zufriedenheit am Arbeitsplatz zu steigern. Aufgrund ihrer Bedeutung sind hier einige Tipps und Empfehlungen, wie Sie Ihren Arbeitsplatz optimieren und eine gesunde Work-Life-Balance erreichen können:

Arbeitsplatzgestaltung:

Ergonomie beachten: Stellen Sie sicher, dass Ihr Arbeitsplatz ergonomisch gestaltet ist, um körperliche Belastungen zu minimieren. Verwenden Sie einen bequemen Stuhl, einen gut positionierten Bildschirm und eine Tastatur, um eine gesunde Haltung zu fördern.

Organisation: Halten Sie Ihren Arbeitsbereich sauber und gut organisiert. Dies kann dazu beitragen, Stress zu reduzieren und die Effizienz zu steigern.

Natürliche Beleuchtung: Wenn möglich, wählen Sie einen Arbeitsplatz mit ausreichend Tageslicht. Natürliche Beleuchtung kann die Stimmung heben und die Produktivität fördern.

Pausenbereiche: Schaffen Sie Pausenbereiche oder Ruhezonen, in denen Sie sich erholen und entspannen können. Dies ermöglicht kurze Auszeiten, um Stress abzubauen.

Klare Kommunikation: Klare und offene Kommunikation am Arbeitsplatz ist entscheidend. Stellen Sie sicher, dass Sie wissen, an wen Sie sich bei Fragen oder Problemen wenden können.

Work-Life-Balance:

Festlegen von Grenzen: Definieren Sie klare Grenzen zwischen Arbeit und Freizeit. Vermeiden Sie es, außerhalb der Arbeitszeit ständig erreichbar zu sein.

Zeitmanagement: Planen Sie Ihre Arbeit und Freizeit sorgfältig. Priorisieren Sie Aufgaben und legen Sie realistische Ziele fest, um Überlastung zu vermeiden.

Pausen einplanen: Nehmen Sie sich regelmäßige Pausen, um sich zu erholen und frische Energie zu tanken. Nutzen Sie diese Pausen, um zu entspannen oder eine kurze Aktivität zu genießen.

Bewegung und Aktivität: Integrieren Sie Bewegung in Ihren Alltag. Selbst kurze Spaziergänge oder Dehnübungen können dazu beitragen, Stress abzubauen und die Energie zu steigern.

Hobbys und Interessen: Pflegen Sie Ihre persönlichen Hobbys und Interessen. Sie bieten eine willkommene Abwechslung zum Arbeitsalltag und fördern das Wohlbefinden.

Soziale Unterstützung: Verbringen Sie Zeit mit Freunden und Familie, um soziale Unterstützung zu erhalten. Diese Beziehungen sind wichtig für die psychische Gesundheit.

Urlaub und Erholung: Planen Sie regelmäßige Urlaube und Erholungspausen ein. Nutzen Sie diese Zeit, um sich zu entspannen und neue Energie zu tanken.

Flexibles Arbeiten: Erkundigen Sie sich nach flexiblen Arbeitsmöglichkeiten, wie Telearbeit oder flexiblen Arbeitszeiten, um Ihre Work-Life-Balance zu verbessern.

Priorisierung Ihrer Gesundheit: Ihr Wohlbefinden sollte oberste Priorität haben. Achten Sie auf Ihre körperliche und psychische Gesundheit und suchen Sie bei Bedarf professionelle Unterstützung.

Die Kombination aus einer gut gestalteten Arbeitsumgebung und einer ausgewogenen Work-Life-Balance kann dazu beitragen, Stress zu minimieren, die Zufriedenheit am Arbeitsplatz zu steigern und das Risiko von Burnout zu reduzieren. Es ist wichtig, diese Aspekte aktiv zu verfolgen und Anpassungen vorzunehmen, um Ihre Gesundheit und Ihr Wohlbefinden zu fördern.

6.3 Kommunikation und soziale Unterstützung

Eine effektive Kommunikation und soziale Unterstützung sind wesentliche Ressourcen bei der Bewältigung von Stress, dem Umgang mit Burnout und der Förderung der psychischen Gesundheit. Wie sollte eine offene Kommunikation und soziale Unterstützung aussehen?

Kommunikation:

Offene Kommunikation am Arbeitsplatz:

Fördern Sie eine offene und transparente Kommunikation am Arbeitsplatz. Das bedeutet, dass Sie Ihre Anliegen, Fragen oder Herausforderungen mit Kollegen und Vorgesetzten teilen können, ohne Angst vor negativen Konsequenzen zu haben.

Klare Erwartungen:

Stellen Sie sicher, dass Ihre Arbeitsaufgaben und Erwartungen klar definiert sind. Dies hilft, Missverständnisse und Konflikte zu minimieren.

Konstruktive Kritik:

Nehmen Sie konstruktive Kritik an und geben Sie diese ebenfalls konstruktiv weiter. Dies fördert ein positives Arbeitsumfeld und unterstützt persönliches Wachstum.

Zeit für Feedback:

Bitten Sie regelmäßig um Feedback von Vorgesetzten, Kollegen und Mitarbeitern. Dies kann dazu beitragen, Schwachstellen zu erkennen und Ihre beruflichen Fähigkeiten zu verbessern.

Empathie entwickeln:

Versuchen Sie, sich in die Perspektive anderer Menschen hineinzuversetzen und Empathie zu entwickeln. Dies trägt dazu bei, bessere zwischenmenschliche Beziehungen zu pflegen.

Soziale Unterstützung:

Freunde und Familie:

Pflegen Sie Ihre Beziehungen zu Freunden und Familienmitgliedern. Diese Menschen können eine wichtige Quelle der sozialen Unterstützung sein, wenn Sie Unterstützung und Verständnis benötigen.

Kollegen:

Bauen Sie positive Beziehungen zu Ihren Kollegen auf. Gemeinsam können Sie Herausforderungen bewältigen und sich gegenseitig unterstützen.

Berufsnetzwerke:

Teilnahme an beruflichen Netzwerken und Gruppen kann dazu beitragen, Ihre beruflichen Beziehungen zu stärken und Unterstützung von Gleichgesinnten zu erhalten.

Unterstützungsgruppen:

In einigen Fällen kann es hilfreich sein, sich einer Unterstützungsgruppe anzuschließen, in der Sie mit Menschen sprechen können, die ähnliche Erfahrungen teilen.

Professionelle Unterstützung:

Wenn Sie mit dauerhaftem Stress oder Burnout kämpfen, zögern Sie nicht, professionelle Hilfe in Anspruch zu nehmen. Ein Therapeut oder Psychologe kann Ihnen bei der Bewältigung helfen.

Geben und Nehmen:

Denken Sie daran, dass soziale Unterstützung ein wechselseitiger Prozess ist. Bieten Sie anderen Ihre Hilfe und Unterstützung an, wenn sie sie benötigen, und erwarten Sie im Gegenzug ebenfalls Unterstützung.

Achten Sie auf Ihre Bedürfnisse:

Achten Sie auf Ihre eigenen Bedürfnisse und teilen Sie Personen in Ihrem Unterstützungskreis mit, wie sie Ihnen am besten helfen können. Manchmal brauchen Sie nur jemanden, der zuhört, während Sie in anderen Fällen praktische Unterstützung benötigen.

Eine gute Kommunikation und soziale Unterstützung können einen erheblichen Einfluss auf Ihre Fähigkeit zur Bewältigung von Stress und die Prävention von Burnout haben. Offene Gespräche, Unterstützung von Freunden und Kollegen sowie der Zugang zu professioneller Hilfe sind wichtige Ressourcen, um Ihre psychische Gesundheit zu fördern und Belastungen am Arbeitsplatz und im Leben erfolgreich zu bewältigen.

6.4 Wie ich Präventionsstrategien in mein Leben integriert habe

Das Einbinden von Präventionsstrategien in mein Leben war ein wichtiger Schritt auf meinem Weg zur Genesung und zur Vermeidung eines erneuten Burnouts. Nach meiner offiziellen Diagnose und im späteren Verlauf meiner mehrjährigen Therapie habe ich verstanden, wie entscheidend es ist, Präventionsstrategien zu entwickeln und in mein Leben zu integrieren, um meine psychische Gesundheit langfristig zu schützen.

1. *Selbstreflexion: Zunächst begann ich damit, mich selbst und meine Lebensweise genauer zu analysieren. Ich überlegte, welche Faktoren in der Vergangenheit zu meinem Burnout beigetragen hatten. Dies erforderte eine ehrliche Selbstreflexion und die Bereitschaft, meine eigenen Verhaltensmuster zu hinterfragen.*

2. *Setzen von Prioritäten: Ich erkannte, dass ich meine Prioritäten neu setzen musste. Statt ausschließlich auf beruflichen Erfolg zu fokussieren, begann ich, auch meine körperliche und psychische Gesundheit sowie meine Beziehungen stärker zu berücksichtigen.*

3. *Grenzen setzen: Eine wichtige Präventionsstrategie bestand darin, klare Grenzen zu setzen. Ich lernte, "Nein" zu sagen, wenn ich bereits überfordert war, und mir Auszeiten zu gönnen, um mich zu erholen. Es war*

entscheidend, die Arbeit nicht über meine persönlichen Grenzen hinaus zu priorisieren.

4. *Zeit für Selbstfürsorge:* Ich integrierte regelmäßige Selbstfürsorgepraktiken in meinen Alltag. Dazu gehörten Entspannungsübungen wie Meditation und Yoga, aber auch die Pflege von Hobbys und Aktivitäten, die mir Freude bereiteten.

5. *Stressbewältigung:* Stress war ein Hauptauslöser für meinen Burnout. Daher lernte ich verschiedene Stressbewältigungstechniken, um besser mit beruflichen und persönlichen Stressoren umgehen zu können. Dies umfasste Atemübungen, progressive Muskelentspannung und Zeitmanagement-Strategien.

6. *Unterstützung aus dem sozialen Netzwerk:* Meine Freunde und Familie spielten eine wichtige Rolle bei meiner Genesung und der Vorbeugung eines erneuten Burnouts. Ich ermutigte mich dazu, meine Gedanken und Gefühle mit ihnen zu teilen und mich auf ihre Unterstützung zu verlassen, wenn ich sie brauchte.

7. *Regelmäßige Therapie und Check-ups:* Die Fortsetzung meiner Psychotherapie war entscheidend. Ich nahm regelmäßig an Therapiesitzungen teil, um meine Fortschritte zu überwachen und anhaltende Stressoren oder emotionale Herausforderungen zu bewältigen.

8. *Berufliche Anpassungen:* Ich überdachte meine berufliche Situation und traf Anpassungen, um ein gesünderes Arbeits-Lebens-Gleichgewicht zu erreichen.

9. *Langfristige Selbstpflege: Schließlich verstand ich, dass Prävention ein langfristiger Prozess ist. Ich musste kontinuierlich an meinen Präventionsstrategien arbeiten und sicherstellen, dass sie dauerhaft in meinen Lebensstil integriert waren.*

Das Einbinden dieser Präventionsstrategien in mein Leben war nicht nur entscheidend für meine Genesung, sondern half mir auch, ein erfüllteres und ausgewogeneres Leben zu führen. Es war und ist nach wie vor ein langer, anhaltender, kontinuierlicher Prozess der Selbstverbesserung und des Lernens, wie ich auf meine psychische Gesundheit achten kann. Es wird immer wieder Situationen im Leben geben, auf die man sich nicht vorbereiten kann, die aber durchgestanden werden müssen. Diese Strategien helfen mir, auch mit diesen Situationen fertig zu werden, nicht zu sehr getriggert zu werden, ein erneutes Auftreten von Burnout-Symptomen zu verhindern und mein Leben in Einklang mit meinen Bedürfnissen und Werten zu gestalten.

Kapitel 7: Bewältigungsstrategien für Burnout

7.1 Psychotherapie und Beratung

Psychotherapie und Beratung: Schlüssel zur Stabilisierung der psychischen Gesundheit

Sie sind bereit, den ersten Schritt zu unternehmen, um Ihre psychische Gesundheit zu stabilisieren. In dieser Situation eröffnen sich Ihnen verschiedene Möglichkeiten, wobei Psychotherapie und Beratung als vielversprechende Antworten hervorstechen. Die Bedeutung dieser Ansätze in der modernen Gesundheitsversorgung ist heute relevanter denn je. In einer Welt, die von konstantem Stress, hohen Erwartungen und zahlreichen psychischen Gesundheitsproblemen geprägt ist, bieten Psychotherapie und Beratung wertvolle und oft unverzichtbare Unterstützung für Menschen, die unter Burnout, Angststörungen, Depressionen und vielen anderen psychischen Herausforderungen leiden. Beide Ansätze spielen eine entscheidende Rolle bei der Verbesserung des Wohlbefindens, der Bewältigung von Lebenskrisen und der Entwicklung effektiver Bewältigungsstrategien. In diesem Kapitel werde ich die Charakteristika von Psychotherapie und Beratung kurz erörtern, um Ihnen einen Einblick in die Möglichkeiten der Unterstützung zu bieten.

Psychotherapie:

Was ist Psychotherapie? Psychotherapie ist eine Form der psychologischen Behandlung, bei der ein qualifizierter Therapeut oder Psychologe mit Ihnen zusammenarbeitet, um emotionale, kognitive und Verhaltensprobleme zu bewältigen und zu behandeln.

Ziele der Psychotherapie:

Die Ziele der Psychotherapie können je nach den individuellen Bedürfnissen variieren, können jedoch Folgendes umfassen:

- Die Identifizierung und Bewältigung von Stressoren, die zum Burnout beigetragen haben.
- Die Entwicklung von Bewältigungsstrategien zur Stressreduzierung.
- Die Verbesserung der emotionalen Gesundheit und des Wohlbefindens.
- Die Stärkung der psychischen Widerstandsfähigkeit gegenüber Stress und Belastung.

Das Hauptziel der Psychotherapie besteht darin, psychische Gesundheitsprobleme zu diagnostizieren, zu behandeln und zu heilen. Dies umfasst die Arbeit an diagnostizierten Störungen wie Depressionen, Angststörungen, posttraumatischen Belastungsstörungen und anderen ernsthaften psychischen Erkrankungen.

Therapieansätze:

Es gibt verschiedene Therapieansätze, darunter kognitive Verhaltenstherapie (CBT), Achtsamkeit, Gesprächstherapie und mehr. Der Therapeut wird den besten Ansatz basierend auf Ihren Bedürfnissen und Zielen auswählen.

Hier sind einige wissenschaftliche Quellen und Artikel zu den genannten Therapieansätzen auf Deutsch bis zum Jahr 2021:

Kognitive Verhaltenstherapie (CBT):

Kühner, C., & Bürger, C. (2020). Kognitive Verhaltenstherapie bei Depression. Hogrefe Verlag.

Hofmann, S. G., Asnaani, A., Vonk, I. J., Sawyer, A. T., & Fang, A. (2012). Die Wirksamkeit der kognitiven Verhaltenstherapie: Eine Übersicht über Meta-Analysen. Verhaltenstherapie und Verhaltensmedizin, 36(5), 427–440.

Achtsamkeitsbasierte Ansätze:

Kabat-Zinn, J. (2014). Im Alltag Ruhe finden: Meditationen für ein gelassenes Leben. Knaur MensSana.

Hofmann, S. G., Sawyer, A. T., Witt, A. A., & Oh, D. (2010). Die Wirkung von achtsamkeitsbasierter Therapie auf Angst und Depression: Eine meta-analytische Übersicht. Zeitschrift für Klinische Psychologie und Psychotherapie, 39(4), 197–206.

Gesprächstherapie (Klientenzentrierte Therapie):

Rogers, C. R. (2003). Die klientenzentrierte Gesprächspsychotherapie: Ein Lehrbuch. Ernst Reinhardt Verlag.

Bitte beachten Sie, dass dies einige ältere, aber immer noch relevante Quellen auf Deutsch sind, die die Wirksamkeit der genannten Therapieansätze untersuchen. Es ist ratsam, in aktuellen wissenschaftlichen Datenbanken und Fachzeitschriften nach den neuesten Forschungsarbeiten und Studien zu suchen, um die aktuellsten Erkenntnisse zu erhalten.

Dauer der Therapie:

Die Anzahl der Therapiesitzungen und die Dauer der Psychotherapie können je nach Schweregrad Ihrer Symptome und Ihrem Fortschritt variieren. Einige Menschen profitieren von wenigen Sitzungen, während andere eine längere Behandlung benötigen.

Beratung:

Was ist Beratung? Beratung ist eine weniger formale Art der Unterstützung, die oft von Beratern oder Berufsberatern angeboten wird. Sie kann auf eine Vielzahl von Lebensbereichen abzielen, einschließlich beruflicher und persönlicher Herausforderungen. Berater können aus verschiedenen beruflichen Hintergründen kommen und sind darauf spezialisiert, Menschen bei der Bewältigung konkreter Lebensherausforderungen zu unterstützen. Es gibt viele verschiedene Arten von Beratern, darunter Karriereberater, Familienberater, Eheberater und andere.

Ziele der Beratung:

Beratung kann dazu beitragen, verschiedene Probleme anzugehen, darunter Stressbewältigung, berufliche Orientierung, Konfliktlösung und Work-Life-Balance. Bei Burnout kann sie bei der Identifizierung von Stressoren und der Entwicklung von Strategien zur Verbesserung des Wohlbefindens helfen. Beratung konzentriert sich in der Regel auf die Bewältigung konkreter Lebensprobleme, Entscheidungsfindung, zwischenmenschliche Beziehungen und persönliche Entwicklung. Beratung ist weniger darauf ausgerichtet, diagnostische Kategorien und psychische Erkrankungen zu behandeln.

Beratungsansätze:

Berater verwenden verschiedene Ansätze, um Menschen zu unterstützen. Dies kann Gesprächstherapie, lösungsorientierte Beratung oder andere Methoden umfassen.

Dauer der Beratung:

Die Dauer der Beratung hängt von den spezifischen Zielen und Bedürfnissen ab. Einige Menschen können in wenigen Sitzungen positive Veränderungen erleben, während andere möglicherweise längerfristige Unterstützung benötigen.

Sowohl Psychotherapie als auch Beratung können wirksame Ansätze sein, um Burnout zu bewältigen und die psychische Gesundheit zu fördern. Es ist wichtig zu beachten, dass die Unterscheidung zwischen Psychotherapie und Beratung nicht immer strikt ist und es Überlappungen geben kann. Welche Option die beste ist, hängt von Ihren individuellen Bedürfnissen und Präferenzen ab.

7.2 Medikamentöse Ansätze

Medikamentöse Ansätze können in einigen Fällen bei der Behandlung von Burnout und seinen Symptomen erwogen

werden. Die Verwendung von Medikamenten zur Bewältigung von Burnout sollte immer in Absprache mit einem qualifizierten Arzt oder Psychiater erfolgen. Hier sind einige
mögliche medikamentöse Ansätze:

1. Antidepressiva:

Antidepressiva werden manchmal verschrieben, wenn eine
Begleiterkrankung wie Depression oder Angststörung mit
dem Burnout verbunden ist. Diese Medikamente können
dazu beitragen, depressive Symptome zu lindern und die
Stimmung zu stabilisieren. Sie sollten nur unter ärztlicher
Aufsicht eingenommen werden.

2. Schlafmittel:

Schlafprobleme, einschließlich Schlaflosigkeit, sind häufige
Symptome von Burnout. In einigen Fällen können kurzfristige Schlafmittel verschrieben werden, um den Schlaf zu verbessern. Diese sollten jedoch nur nach Rücksprache mit einem Arzt verwendet werden und nicht langfristig, da sie ab-
hängig machen können.

3. Anxiolytika:

Diese Medikamente werden zur Behandlung von Angststörungen eingesetzt und können in einigen Fällen bei der Bewältigung von Burnout-bezogenem Stress und Angstzustän-
den hilfreich sein. Auch hier ist eine ärztliche Verschreibung
und Aufsicht erforderlich.

Medikamente allein werden nicht die Wurzel des Burnout-Problems behandeln. Sie können lediglich dazu beitragen, die Symptome zu lindern. Die ganzheitliche Behandlung von Burnout beinhaltet in der Regel psychotherapeutische Ansätze, Selbstfürsorge, Stressmanagement, Verbesserungen der Arbeitsplatzbedingungen und soziale Unterstützung.

Bevor Medikamente in Betracht gezogen werden, ist es immer ratsam, eine umfassende Bewertung durch einen Gesundheitsfachmann durchzuführen, um sicherzustellen, dass andere mögliche Ursachen für die Symptome ausgeschlossen werden, und um die geeignetste Behandlungsstrategie zu ermitteln. Eine individuelle Behandlungsplanung, die auf Ihre spezifischen Bedürfnisse zugeschnitten ist, ist entscheidend, um Burnout effektiv zu bewältigen.

7.3 Alternative Therapieansätze

Neben den konventionellen medikamentösen und psychotherapeutischen Ansätzen gibt es eine Vielzahl alternativer Therapieansätze und Selbsthilfemaßnahmen, die Menschen bei der Bewältigung von Burnout und der Förderung ihrer psychischen Gesundheit unterstützen können. Hier sind einige alternative Therapieansätze, die in Betracht gezogen werden können:

1. Entspannungstechniken:

- Atemübungen: Tiefes Atmen und bewusste Atemkontrolle können Stress reduzieren und Entspannung fördern.

- Progressive Muskelentspannung: Diese Technik beinhaltet das Anspannen und Entspannen verschiedener Muskelgruppen, um körperliche Spannungen abzubauen.
- Meditation und Achtsamkeit: Die Praxis von Meditation und Achtsamkeit kann dazu beitragen, den Geist zu beruhigen, Stress abzubauen und das Bewusstsein für den gegenwärtigen Moment zu schärfen.

2. Bewegung und Sport:

Regelmäßige körperliche Aktivität, wie Spaziergänge, Laufen, Yoga oder TaiChi, kann dazu beitragen, Stress abzubauen, die Stimmung zu verbessern und das allgemeine Wohlbefinden zu steigern.

3. Ernährung und Nahrungsergänzungsmittel:

Eine ausgewogene Ernährung mit ausreichenden Nährstoffen kann die körperliche und psychische Gesundheit fördern. Einige Nahrungsergänzungsmittel wie Omega-3-Fettsäuren und Vitamin D können ebenfalls eine Rolle spielen.

4. Naturheilkunde:

Einige Menschen finden Erleichterung von Stress und Burnout durch die Anwendung von Naturheilmitteln wie pflanzlichen Präparaten, Kräutertees oder ätherischen Ölen. Es ist jedoch wichtig, solche Ansätze mit einem qualifizierten Fachmann zu besprechen.

5. Kunsttherapie und Kreativität:

Das Ausdrücken von Emotionen und Stress durch Kunst, Musik oder kreativen Ausdruck kann therapeutisch sein und dazu beitragen, Belastungen zu bewältigen.

6. Massagetherapie:

Massagen können körperliche Verspannungen lösen und Entspannung fördern. Sie können eine angenehme Möglichkeit sein, Stress abzubauen.

7. Akupunktur und Akupressur:

Diese traditionellen chinesischen Therapien können dazu beitragen, Energieflüsse im Körper auszugleichen und Stress abzubauen.

8. Tiergestützte Therapie:

Interaktion mit Tieren, wie Hunden oder Pferden, kann eine beruhigende und therapeutische Wirkung haben und zur Stressbewältigung beitragen.

Alternative Therapieansätze sind nicht für jeden geeignet es ist ratsam, solche Ansätze in Absprache mit einem qualifizierten Gesundheitsfachmann zu erkunden und sie als Teil eines umfassenden Behandlungsplans zu betrachten. Die Kombination von verschiedenen Ansätzen, einschließlich konventioneller und alternativer Therapien, kann am effektivsten sein, um Stress und Burnout zu bewältigen und die psychische Gesundheit zu fördern.

Mir persönlich haben einige der alternativen Therapieansätze sehr geholfen. Besonders erinnere ich mich an den Tag, an dem ich in der Tagesklinik mein erstes Bild gemalt habe. Zu Beginn fiel es mir nicht leicht, mich darauf einzulassen. Es mag jetzt etwas seltsam klingen, aber mein letztes Bild aus der Schulzeit war schon eine Ewigkeit her, und ich zweifelte an meiner Fähigkeit und der Sinnhaftigkeit dieses kreativen Ausdrucks. Trotzdem habe ich mich darauf eingelassen, und es war eine wirklich erstaunliche Erfahrung.

Während des Malens habe ich mich komplett in diese Aktivität vertieft, was mich entschleunigte und mir half, den Stress und die Sorgen des Alltags vorübergehend zu vergessen. Es war, als würde ich eine Verbindung zu einem Teil von mir selbst herstellen, den ich lange Zeit vernachlässigt hatte. Das Gefühl, etwas zu erschaffen, war äußerst befriedigend. Heute steht das Bild, das ich in der Tagesklinik gemalt habe, gerahmt in meinem Büro, und jedes Mal, wenn ich es anschaue, erinnert es mich an diese transformative Zeit.

Nach diesem Erlebnis habe ich mich weiteren kreativen Aktivitäten gewidmet. Ich habe nicht nur Bilder gemalt, sondern auch Specksteine geschliffen und andere handwerkliche Projekte unternommen. Ich habe gelernt, dass alternative Therapieansätze, insbesondere kreative, eine kraftvolle Möglichkeit bieten, um psychische Gesundheit zu fördern und persönliches Wachstum zu unterstützen.

Ebenso erging es mir bei dem Therapieansatz der Muskelentspannung. Rückwirkend betrachtet, hatte ich aufgrund meiner Erkrankung den Kontakt zu meinem eigenen Körper verloren.

Der therapeutische Ansatz der Muskelentspannung hat mir geholfen, diesen Kontakt wiederherzustellen. Während der Muskelentspannungstechnik habe ich bewusst meine Muskeln entspannt und begonnen, meinen Körper wieder zu spüren. Dies war eine eindrucksvolle Erfahrung für mich, da sie mir nicht nur körperliche Entspannung brachte, sondern auch mein seelisches Wohlbefinden verbesserte. In dieser Phase der inneren Achtsamkeit fand ich eine tiefe Verbindung zu mir selbst, die ich schon lange vermisst hatte. Es war erstaunlich zu sehen, wie eine so einfache Praxis wie die Muskelentspannung eine so tiefgreifende Wirkung auf mein körperliches und seelisches Wohlbefinden haben konnte.

Diese Technik half mir, Stress abzubauen und den Fokus auf meine eigene Gesundheit und Entspannung zu legen. Die Muskelentspannung und ähnliche achtsamkeitsbasierte Praktiken erinnern mich daran, wie wichtig es ist, in unserer hektischen Welt den Kontakt zu unserem eigenen Körper und unseren Empfindungen zu bewahren. Dies ist eine individuelle Reise zur Selbstentdeckung und Heilung, und ich ermutige jeden, verschiedene Ansätze auszuprobieren, um diejenigen zu finden, die am besten zu den eigenen Bedürfnissen passen.

7.4 Wie ich meinen Weg zur Genesung gefunden habe

Das Finden des Weges zur Genesung war ein wichtiger und oft herausfordernder Prozess. Wie bereits erwähnt, habe ich erst sehr spät, in der Zusammenbruchsphase, als der innere Druck zu groß wurde, Kontakt zum Hausarzt aufgenommen, der mich direkt ans ZIP in Kiel überwies. Ich dachte zu dem Zeitpunkt noch immer, ich könnte kurzfristig Abhilfe ohne große Veränderungen schaffen, indem ich einen Arzt konsultiere. Das war ein Irrtum.

Es war der Beginn meiner Genesungsreise.

1. **Die Entscheidung zur Veränderung:** *Ausschlaggebend für den Weg zur Genesung war meine Entscheidung, dass ich bereit war, Veränderungen in meinem Leben vorzunehmen. Die Panikattacken und die Diagnose hatten mir klar gemacht, dass ich nicht länger so weitermachen konnte wie zuvor.*

2. **Professionelle Hilfe annehmen:** *Ein wichtiger Schritt nach der Diagnose im Zip war die Akzeptanz der Annahme professioneller Hilfe. Ich begann regelmäßige Psychotherapiesitzungen bei einem erfahrenen Therapeuten. Diese Gespräche halfen mir, die Gründe für meinen Burnout zu verstehen und Strategien zur Bewältigung meiner Symptome zu entwickeln. Es folgten mehrere Tagesklinikaufenthalte, eine Reha-Maßnahme sowie eine einjährige kombinierte medizinische und berufliche Reha-Maßnahme.*

3. **Selbstreflexion**: *Während der Therapie lernte ich, mich selbst besser zu verstehen. Ich erkannte, wie meine Denkweisen, Verhaltensmuster und Lebensentscheidungen zu meiner Erschöpfung beigetragen hatten. Die Selbstreflexion half mir dabei, die Wurzeln meines Burnouts zu identifizieren.*

4. **Therapeutische Werkzeuge:** *Während meiner Therapie erlernte ich verschiedene therapeutische Techniken und Strategien. Dazu gehörten Stressbewältigungstechniken, kognitive Umstrukturierung und Achtsamkeitsübungen. Diese Werkzeuge halfen mir, mit meinen Ängsten und Stressoren umzugehen.*

5. **Medikamente:** *Die Entscheidung, Medikamente einzunehmen oder nicht, sollte tatsächlich individuell getroffen werden. Medikamente haben meiner Meinung nach wie jede andere medizinische Intervention potenzielle Nebenwirkungen, und es ist wichtig, die Risiken und Vorteile sorgfältig abzuwägen. Ich bin kein Freund von Medikamenten und am Anfang lehnte ich jegliche Medikation kategorisch ab. Als ich aber feststellte, dass mein Zustand sich nicht verbesserte, entschloss ich mich doch dazu. In meinem Fall verschrieb mir der Therapeut Medikamente, um die Symptome meiner Panikattacken und Depressionen zu lindern. Die richtige temporäre Medikation war ein wichtiger Bestandteil meiner Genesung und half mir, die Stabilität zurückzugewinnen. Ich erinnere mich noch gut daran, wie ich die erste Tablette in der Hand hielt, bevor ich sie endlich einnahm. Ich hatte Bedenken, mich in eine Abhängigkeit zu begeben, aber*

letztendlich stellte ich fest, dass die Medikamente mir halfen, mich zu entspannen und meine Symptome zu lindern. Nach etwa einem Jahr der erstmaligen Einnahme von Medikamenten begann ich, die Medikation nach und nach abzusetzen, da ich Fortschritte in meiner Genesung gemacht hatte. Dies war ein schrittweiser Prozess, der von meinem Arzt überwacht wurde, und ich konnte schließlich ohne Medikamente wieder ein stabiles Leben führen.

6. **Unterstützung aus dem sozialen Netzwerk:** *Meine Familie und Freunde spielten eine entscheidende Rolle in meiner Genesung. Sie waren da, um mich moralisch zu unterstützen, zuzuhören und mich in schwierigen Zeiten aufzufangen. Ihre Unterstützung war von unschätzbarem Wert.*

7. **Selbstfürsorge:** *Während meiner Genesung habe ich gelernt, mich selbst besser zu pflegen. Ich achtete auf ausreichenden Schlaf, eine ausgewogene Ernährung und regelmäßige Bewegung. Die Pflege meiner körperlichen Gesundheit hatte auch positive Auswirkungen auf meine psychische Gesundheit.*

8. **Berufliche Anpassungen:** *Ich überdachte meine berufliche Situation und traf Anpassungen, um ein gesünderes Gleichgewicht zwischen Arbeit und Leben zu finden. Das beinhaltete die Reduzierung von Arbeitsstunden und das Setzen klarer beruflicher Grenzen.*

9. *Langfristige Selbstpflege:* Schließlich erkannte ich, dass Genesung ein langfristiger Prozess ist. Ich arbeite kontinuierlich an meiner Selbstpflege und stelle sicher, dass ich meine Präventionsstrategien langfristig beibehalte.

10. *Rückfälle bewältigen:* Auf meinem Weg zur Genesung gab es immer wieder Rückfälle, die ich als Teil des Prozesses akzeptierte. Ich lernte, wie ich mit diesen Rückschlägen umgehen und mich selbst wieder auf den richtigen Weg bringen konnte.

Die Genesung war kein geradliniger Weg, sondern ein Prozess mit Höhen und Tiefen. Dennoch war jeder Schritt auf diesem Weg entscheidend, um meine Gesundheit und mein Wohlbefinden wiederherzustellen. Heute habe ich gelernt, auf meine psychische Gesundheit zu achten und präventive Maßnahmen zu ergreifen, um einen erneuten Burnout zu verhindern.

Teil IV:
Der Weg zur Genesung

Kapitel 8: Genesung und Heilung

8.1 Die Bedeutung der Akzeptanz

Die Bedeutung der Akzeptanz im Kontext von Burnout und der allgemeinen psychischen Gesundheit ist meiner Erfahrung nach von grundlegender Bedeutung. Akzeptanz spielt eine zentrale Rolle in verschiedenen Aspekten:

1. Akzeptanz der Realität:

Die Akzeptanz beginnt oft mit der Anerkennung der aktuellen Realität. Das bedeutet, sich bewusst zu machen, dass man unter Burnout leidet oder dass bestimmte Stressoren im Leben existieren. Es ist wichtig, die Tatsachen ohne Urteil oder Widerstand zu betrachten.

2. Selbstakzeptanz:

Selbstakzeptanz bezieht sich auf die Fähigkeit, sich selbst mit all seinen Stärken und Schwächen anzunehmen. Es bedeutet, sich selbst nicht zu verurteilen oder sich selbst die

Schuld für die Situation zu geben, sondern sich selbst liebe-
voll und einfühlsam zu behandeln.

3. Akzeptanz von Emotionen:

Emotionen sind ein natürlicher Teil des Menschseins, und
sie können in stressigen Zeiten intensiv sein. Die Akzeptanz
von Emotionen bedeutet, sie anzuerkennen, zu verstehen
und sie nicht zu verurteilen. Dies kann helfen, einen gesunden Umgang mit Emotionen zu entwickeln.

4. Akzeptanz von Veränderungen:

Burnout kann Veränderungen in der Arbeitsweise, im Lebensstil oder in der Einstellung erfordern. Die Akzeptanz von
Veränderungen und die Bereitschaft, sich anzupassen, sind
entscheidend, um den Stress zu reduzieren und die Genesung zu unterstützen.

5. Akzeptanz von Grenzen:

Es ist von Bedeutung zu realisieren, dass jeder Mensch individuelle Grenzen in Bezug auf Belastbarkeit und die Fähigkeit zur Stressbewältigung hat. Die Anerkennung dieser
Grenzen kann dazu beitragen, Überforderung zu verhindern.

6. Akzeptanz von Unterstützung:

Die Bereitschaft, Unterstützung von anderen anzunehmen, sei es von Freunden, Familie oder professionellen Helfern, ist ein wichtiger Schritt zur Bewältigung von Burnout. Die Akzeptanz von Unterstützung bedeutet nicht, Schwäche zuzugeben, sondern zeigt Stärke und Selbstfürsorge.

7. Achtsamkeitsbasierte Akzeptanz:

Achtsamkeit ist eine Technik, die die Akzeptanz von gegenwärtigen Gedanken, Emotionen und körperlichen Empfindungen fördert. Sie lehrt, im gegenwärtigen Moment zu leben, ohne zu urteilen oder Widerstand zu leisten.

Die Akzeptanz spielt eine zentrale Rolle bei der Bewältigung von Burnout, da sie es ermöglicht, mit den Herausforderungen und Belastungen des Lebens auf eine gesündere und konstruktivere Weise umzugehen. Anstatt sich gegen die Realität zu sträuben oder sich selbst zu verurteilen, eröffnet die Akzeptanz den Raum für Veränderung, Heilung und die Entwicklung effektiver Bewältigungsstrategien. Sie markiert einen wichtigen Schritt auf dem Weg zur psychischen Gesundheit und dient der Vermeidung von langfristigen gesundheitlichen Folgen, die mit Burnout verbunden sein können.

8.2 Schritt für Schritt: Die Genesungsreise

Die Genesungsreise bei einem Burnout ist ein äußerst persönlicher Prozess, der Zeit, Geduld und Selbstfürsorge erfordert. Im Folgenden finden Sie eine schrittweise Anleitung, die Ihnen helfen kann, diesen Weg zu beschreiten:

Schritt 1: Selbstreflexion und Erkenntnis

Nehmen Sie sich Zeit, um Ihre aktuelle Situation zu reflektieren. Erkennen Sie (sofern vorhanden) an, dass Sie Symptome von Burnout haben und dass eine Veränderung notwendig ist.

Schritt 2: Akzeptanz

Akzeptieren Sie, dass Burnout ein ernstes Problem ist, das professionelle Hilfe und Selbstfürsorge erfordert. Akzeptieren Sie auch Ihre eigenen Grenzen und Bedürfnisse.

Schritt 3: Professionelle Unterstützung suchen

Suchen Sie professionelle Hilfe bei einem Therapeuten, Psychologen oder Arzt, um Ihre Situation zu bewerten und eine geeignete Behandlungsstrategie zu entwickeln.

Schritt 4: Behandlungsplan entwickeln

In Absprache mit Ihrem Therapeuten oder Arzt entwickeln Sie einen Behandlungsplan. Dies kann Psychotherapie, Medikamente oder andere Interventionen umfassen.

Schritt 5: Selbstfürsorge praktizieren

Pflegen Sie Selbstfürsorge und Achtsamkeit. Dies beinhaltet ausreichenden Schlaf, gesunde Ernährung, regelmäßige Bewegung und die Integration von Entspannungstechniken in Ihren Alltag.

Schritt 6: Stressbewältigungsstrategien erlernen

Lernen Sie Stressbewältigungsstrategien, die zu Ihnen passen. Dies kann Atemübungen, Meditation, Yoga, oder andere Techniken umfassen.

Schritt 7: Grenzen setzen und Prioritäten setzen

Setzen Sie klare Grenzen am Arbeitsplatz und in Ihrem Leben. Priorisieren Sie Ihre Gesundheit und Ihr Wohlbefinden über beruflichen Erfolg.

Schritt 8: Unterstützung suchen

Nutzen Sie soziale Unterstützung von Freunden und Familie. Teilen Sie Ihre Gefühle und Erfahrungen und bitten Sie um Hilfe, wenn Sie sie benötigen.

Schritt 9: Arbeitsplatzveränderungen

Wenn der Burnout in erster Linie durch berufliche Faktoren verursacht wird, sprechen Sie mit Ihrem Vorgesetzten oder der Personalabteilung über mögliche Anpassungen am Arbeitsplatz.

Schritt 10: Geduld haben

Verstehen Sie, dass die Genesung von Burnout Zeit in Anspruch nimmt. Seien Sie geduldig mit sich selbst und vermeiden Sie es, sich selbst zu überfordern.

Schritt 11: Fortschritt verfolgen

Halten Sie Ihre Fortschritte und Erfolge in einem Tagebuch oder Journal fest. Dies kann Ihnen helfen, Ihre Genesung zu verfolgen und motiviert zu bleiben.

Schritt 12: Rückfälle behandeln

Es ist möglich, dass es Rückschläge auf Ihrem Genesungsweg geben kann. Seien Sie darauf vorbereitet und suchen Sie bei Bedarf erneut professionelle Hilfe.

Die Genesungsreise von Burnout erfordert eine ganzheitliche Herangehensweise, die körperliche, psychische und soziale Aspekte berücksichtigt. Es ist ein Prozess, der Zeit

braucht, aber mit der richtigen Unterstützung und Selbstfürsorge werden Sie Ihre psychische Gesundheit wiederherstellen und Ihre Lebensqualität verbessern.

8.3 Rückkehr zur Arbeit und Reintegration

Die Rückkehr zur Arbeit und die erfolgreiche Reintegration
nach einem Burnout sind entscheidende Schritte in Ihrer
Genesungsreise. Betrachten wir einige Schritte und Überlegungen, die Ihnen dabei helfen können:

1. Kommunikation mit dem Arbeitgeber:

Informieren Sie Ihren Arbeitgeber rechtzeitig über Ihre
Rückkehrpläne. Stellen Sie sicher, dass Sie offen und ehrlich
über Ihren Burnout und Ihren Genesungsprozess sprechen.

2. Flexibilität und Anpassung:

Erwarten Sie nicht, sofort zur vollen Arbeitsleistung zurück-
zukehren. Bitten Sie Ihren Arbeitgeber um flexible Arbeitszeiten oder eine schrittweise Wiedereingliederung, wenn
dies möglich ist.

3. Neubewertung der Arbeitsbelastung:

Sprechen Sie mit Ihrem Vorgesetzten darüber, wie Ihre Arbeitsbelastung und Aufgaben angepasst werden können, um Ihre Genesung zu unterstützen. Es ist wichtig, Überforderung zu vermeiden.

4. Selbstmanagement und Stressbewältigung:

Implementieren Sie die Stressbewältigungsstrategien und Selbstfürsorgemaßnahmen, die Sie während Ihrer Genesungszeit erlernt haben. Setzen Sie diese aktiv in Ihrem beruflichen und persönlichen Leben um.

5. Pausen und Erholung einplanen:

Planen Sie regelmäßige Pausen ein, um sich zu erholen und zu regenerieren. Vermeiden Sie es, sich in alte Muster von Überarbeitung zu verstricken.

6. Unterstützung im Arbeitsumfeld:

Suchen Sie Unterstützung von Kollegen und Vorgesetzten, wenn Sie sie benötigen. Offene Kommunikation kann helfen, Missverständnisse und Überlastung zu vermeiden.

7. Prioritäten setzen:

Setzen Sie klare Prioritäten für Ihre Arbeit und Ihr Leben. Fokussieren Sie sich auf das Wesentliche und delegieren Sie Aufgaben, wenn möglich.

8. Fortschritt verfolgen:

Halten Sie Ihren Fortschritt und Ihre Herausforderungen in einem Tagebuch fest. Dies kann Ihnen helfen, Ihre Genesung und Anpassung an den Arbeitsplatz zu verfolgen.

9. Überwachen und Anpassen:

Überwachen Sie Ihre mentale und emotionale Gesundheit während Ihrer Rückkehr zur Arbeit. Wenn Sie bemerken, dass Symptome zurückkehren oder sich verschlimmern, sollten Sie sofort professionelle Hilfe suchen und möglicherweise Anpassungen in Ihrem Arbeitsumfeld in Betracht ziehen.

10. Selbstfürsorge beibehalten:

Behalten Sie die Selbstfürsorge und Stressbewältigungstechniken bei, die Sie während Ihrer Genesung erlernt haben. Diese sind entscheidend, um langfristig gesund zu bleiben.

Die Rückkehr zur Arbeit nach einem Burnout erfordert Geduld und eine schrittweise Herangehensweise. Achten Sie auf Ihre eigenen Bedürfnisse und Grenzen, um sich nicht zu überfordern. Wenn nötig, sollten Sie auch weiterhin professionelle Unterstützung in Anspruch nehmen, um sicherzustellen, dass Sie auf Ihrem Weg zur Genesung gut begleitet werden.

Teil V:
Burnout und die
Gesellschaft

Burnout und die Gesellschaft sind untrennbar miteinander verbunden, und es ist mir immer wieder enorm wichtig zu betonen, dass Sie als Betroffener nicht alleine sind. Gerade weil es immer mehr Menschen betrifft, ist Burnout nicht mehr nur ein individuelles Problem, sondern hat auch erhebliche Auswirkungen auf die Gesellschaft als Ganzes. Hier sind nur einige Aspekte genannt, auf die ich zum Teil im weiteren Verlauf des Buches noch eingehen werde.

1. Wirtschaftliche Auswirkungen

2. Belastung des Gesundheitssystems

3. Belastung der Pflegekräfte

4. Reduzierte Lebensqualität

5. Soziale Isolation

6. Einfluss auf das Bildungssystem

7. Notwendigkeit von Prävention und Unterstützung

8. Gesellschaftliche Werte und Arbeitskultur

9. Sensibilisierung und Entstigmatisierung

Die Bewältigung von Burnout erfordert nicht nur individuelle Anstrengungen, sondern auch kollektive Anstrengungen auf gesellschaftlicher Ebene. Unternehmen, Bildungseinrichtungen, Gesundheitsdienstleister und die Gesellschaft als Ganzes müssen zusammenarbeiten, um das Bewusstsein für Burnout zu schärfen, Präventionsmaßnahmen umzusetzen und Unterstützungsdienste anzubieten, um die psychische Gesundheit zu fördern und die Auswirkungen von Burnout auf die Gesellschaft zu minimieren.

Kapitel 9: Burnout und die Gesellschaft

9.1 Arbeitgeberverantwortung und Prävention am Arbeitsplatz

Die Belastungen der modernen Arbeitswelt haben die Bedeutung der psychischen Gesundheit am Arbeitsplatz in den Fokus gerückt. In diesem Kontext spielen Arbeitgeber eine zentrale Rolle bei der Prävention von Burnout. Ihre Verantwortung erstreckt sich weit über die rein geschäftlichen Angelegenheiten hinaus. Vielmehr sind sie maßgeblich daran beteiligt, ein Arbeitsumfeld zu schaffen, das die physische und vor allem die psychische Gesundheit der Mitarbeiter fördert.

Die Erkenntnis, dass Wohlbefinden und Produktivität untrennbar miteinander verbunden sind, lenkt den Blick auf die Verantwortlichkeiten der Arbeitgeber. Diese gehen über die bloße Bereitstellung von Arbeitsplätzen hinaus und erfordern ein tiefes Verständnis für die Bedürfnisse der Belegschaft. Im Folgenden werden einige zentrale Aspekte dieser Verantwortlichkeiten beleuchtet, die einen entscheidenden Einfluss auf die Gesundheit der Mitarbeiter haben.

1. Erkennen und Sensibilisieren:

Arbeitgeber sollten sich der Existenz von Burnout bewusst sein und Sensibilisierungsmaßnahmen einführen, um Mitarbeiter über die Risiken und Symptome von Burnout aufzuklären.

2. Arbeitsplatzkultur fördern:

Arbeitgeber sollten eine unterstützende Arbeitsplatzkultur schaffen, die auf Respekt, Zusammenarbeit und Wohlbefinden basiert. Eine offene Kommunikation und ein Klima, in dem Mitarbeiter über ihre Belastungen sprechen können, sind entscheidend.

3. Arbeitsbelastung verwalten:

Arbeitgeber sollten die Arbeitsbelastung der Mitarbeiter überwachen und sicherstellen, dass sie realistische Erwartungen und angemessene Arbeitszeiten haben. Übermäßiger Druck und unangemessene Forderungen können Burnout fördern.

4. Flexibilität ermöglichen:

Flexible Arbeitszeiten und die Möglichkeit von Telearbeit können es den Mitarbeitern ermöglichen, ihre Arbeit besser an ihre persönlichen Bedürfnisse anzupassen.

5. Stressbewältigungsprogramme anbieten:

Arbeitgeber sollten Ressourcen zur Verfügung stellen, um die psychische Gesundheit zu fördern. Dazu gehören Programme zur Stressbewältigung, Zugang zu psychologischer Beratung und Schulungen zur psychischen Gesundheit.

6. Work-Life-Balance unterstützen:

Arbeitgeber können Programme und Richtlinien zur Unterstützung der Work-Life-Balance einführen, wie z. B. bezahlten Urlaub, Elternzeit und flexible Arbeitsmodelle.

7. Führungskräfte schulen:

Schulungen für Führungskräfte sind wichtig, damit sie die Anzeichen von Burnout erkennen, angemessen darauf reagieren und eine unterstützende Führungskultur schaffen können.

8. Frühzeitige Intervention:

Es ist wichtig, frühzeitig auf Anzeichen von Burnout zu reagieren. Arbeitgeber sollten Mechanismen zur Identifizierung gefährdeter Mitarbeiter und zur Einleitung von Maßnahmen zur Prävention und Unterstützung entwickeln.

9. Rückkehrgespräche nach Krankheit:

Nach einer Krankheitspause aufgrund von Burnout oder psychischen Gesundheitsproblemen sollten Arbeitgeber Rückkehrgespräche anbieten, um den Mitarbeitern die Rückkehr zur Arbeit zu erleichtern und Unterstützung zu bieten.

Die Prävention von Burnout sollte für Arbeitgeber zu einer Priorität werden, da sie nicht nur die Gesundheit und das Wohlbefinden der Mitarbeiter fördert, sondern auch die Produktivität steigert und die Mitarbeiterbindung erhöht. Arbeitgeber, die sich aktiv für die psychische Gesundheit ihrer Mitarbeiter einsetzen, schaffen nicht nur eine bessere Arbeitsumgebung, sondern tragen auch zur Reduzierung von Burnout-Raten bei.

9.2 Burnout-Prävention in verschiedenen Berufsfeldern

Die Prävention von Burnout kann in verschiedenen Berufsfeldern unterschiedliche Ansätze erfordern, da die Belastungen und Anforderungen je nach Tätigkeitsbereich variieren. Hier sind Ideen für einige spezifische Präventionsmaßnahmen, die in verschiedenen Berufsfeldern wirksam sein können:

1. Gesundheitswesen:

- Einführung von Schichtplanungen, die ausreichende Ruhezeiten gewährleisten.
- Implementierung von Supervisionssystemen, bei denen Ärzte und Pflegekräfte über ihre Arbeit sprechen und Unterstützung erhalten können.
- Schulung des medizinischen Personals in Stressbewältigungstechniken und Selbstfürsorge.

- Förderung einer Kultur, in der Fehler und Schwächen offen diskutiert und als Gelegenheit zur Verbesserung betrachtet werden.

2. Bildungsbereich:

- Begrenzung der Lehrstunden und Überstunden, um übermäßigen Arbeitsdruck zu verhindern.
- Einführung von Schulprogrammen zur Förderung der emotionalen Intelligenz und Stressbewältigung bei Schülern und Lehrern.
- Unterstützung von Lehrern bei der Entwicklung von Zeitmanagementfähigkeiten und der Umsetzung von realistischen Lehrplänen.

3. IT- und Technologiebereich:

- Förderung der Work-Life-Balance durch flexible Arbeitszeiten und die Möglichkeit von Telearbeit.
- Einführung von Achtsamkeitspraktiken und regelmäßigen Pausen, um die Bildschirmzeit zu begrenzen.
- Schulung von Mitarbeitern in Techniken zur Bewältigung von digitalem Stress und zur effektiven Zeitverwaltung.

4. Sozial- und Pflegedienstleistungen:

- Unterstützung von Sozialarbeitern und Pflegekräften bei der Entwicklung von Bewältigungsstrategien für emotionale Belastungen im

Zusammenhang mit der Betreuung von Patienten und Klienten.

- Schulung in Krisenintervention und Deeskalation von Konflikten.
- Betonung der Bedeutung von Selbstfürsorge und der Nutzung von Unterstützungsdiensten.

5. Unternehmenswelt:

- Förderung einer Unternehmenskultur, die die Bedeutung von Wohlbefinden und Work-Life-Balance betont.
- Implementierung von flexiblen Arbeitsmodellen und Unterstützung bei der Vereinbarkeit von Arbeit und Familie.
- Schulung von Führungskräften in stressfreiem und unterstützendem Management.

6. Kreativ- und Kunstbereich:

- Förderung eines kreativen und freien Arbeitsumfelds, welches die Selbstentfaltung der Mitarbeiter unterstützt.
- Schaffung von Freiräumen für kreative Auszeiten und Experimente, um kreativen Burnout zu verhindern.
- Bereitstellung von Unterstützung und Ressourcen für die Entwicklung von Projekten.

Unabhängig vom Berufsfeld ist die Schlüsselkomponente der Burnout-Prävention die Schaffung einer gesunden

Arbeitsumgebung, in der Mitarbeiter sich unterstützt, wertgeschätzt und respektiert fühlen. Die Förderung von Selbstfürsorge, die Anerkennung von Warnzeichen und der Zugang zu professioneller Hilfe sind in allen Berufsfeldern von entscheidender Bedeutung, um Burnout effektiv zu verhindern oder zu bewältigen.

Kapitel 10: Die sozialen Auswirkungen von Burnout

10.1 Auswirkungen auf Beziehungen und Familie

Die Reise der Bewältigung von Burnout ist häufig von einem komplexen Weg geprägt, der nicht nur individuelle Anstrengungen erfordert, sondern auch das Verständnis und die Unterstützung des sozialen Umfelds.

Die Wirkung von Burnout auf das individuelle Wohlbefinden ist vielschichtig, und in dieser komplexen Dynamik spielt das Verständnis seitens der Familie, Freunde und Kollegen eine entscheidende Rolle. Das Bewusstsein und die Empathie innerhalb des sozialen Umfelds können einen bedeutenden Einfluss auf die Genesung und das allgemeine Wohlbefinden haben. Die nachfolgenden Abschnitte beleuchten Schlüsselaspekte, die das Verständnis im sozialen Umfeld für eine effektive Bewältigung von Burnout prägen.

Verständnis im sozialen Umfeld fördern

1. **Kommunikation:** Offene und ehrliche Kommunikation ist entscheidend. Erklären Sie Ihrem Umfeld, was Burnout für Sie bedeutet und wie es sich auf Ihr Leben auswirkt. Wenn die Menschen verstehen, was Sie durchmachen, können sie besser darauf reagieren.

2. **Empathie:** Bitten Sie um Empathie und Verständnis von Ihren Freunden, Ihrer Familie und Ihren Kollegen. Menschen, die nie selbst Burnout erlebt haben, können Schwierigkeiten haben, die Tiefe Ihrer Erfahrungen zu verstehen, aber sie können dennoch unterstützend sein, wenn sie sich bemühen, einfühlsam zu sein.

3. **Geduld:** Burnout erfordert Zeit zur Genesung. Ihr Umfeld sollte Geduld haben und akzeptieren, dass Sie möglicherweise nicht sofort wieder "normal" funktionieren können. Es ist wichtig, realistische Erwartungen zu setzen und sich keine übermäßige Belastung aufzuerlegen.

4. **Grenzen setzen:** Ihr Umfeld sollte verstehen, dass es wichtig ist, Grenzen zu setzen und Selbstfürsorge zu praktizieren. Das bedeutet, dass Sie möglicherweise nicht immer verfügbar sein können oder zusätzliche Verantwortlichkeiten übernehmen können.

5. **Unterstützung anbieten:** Bitten Sie um konkrete Unterstützung, wenn Sie sie benötigen. Dies kann Hilfe im Haushalt, bei der Kinderbetreuung oder einfach nur Jemanden zum Reden und Zuhören einschließen.

6. **Informationen bereitstellen:** Falls notwendig, stellen Sie Ihrem Umfeld Informationen über Burnout zur Verfügung, damit die Menschen besser verstehen können, was es ist und wie sie Ihnen helfen können.

7. **Zusammenarbeit:** Arbeiten Sie mit Ihrem Umfeld zusammen, um eine unterstützende Umgebung zu schaffen. Gemeinsam können Sie herausfinden, wie Sie die Auslöser von Stress und Burnout minimieren können.

Nicht jeder in Ihrem Umfeld wird sofort das richtige Verständnis für Burnout haben. Es kann einige Zeit dauern, bis sich die Menschen und ihre Umgebung an die Situation anpassen und angemessen reagieren können. Geduld und offene Kommunikation sind entscheidend, um das Verständnis für Burnout zu fördern und eine unterstützende Gemeinschaft aufzubauen, die Ihnen bei Ihrer Genesung hilft.

Auswirkungen von Burnout auf Beziehungen und Familie

Burnout kann erhebliche Auswirkungen auf Beziehungen und Familien haben, da die betroffene Person oft physisch und emotional erschöpft ist und Schwierigkeiten hat, mit den Anforderungen und sozialen Interaktionen des täglichen Lebens umzugehen.

Hier sind einige der häufigsten Auswirkungen:

1. Erschöpfung und Reizbarkeit: Eine Person, die unter Burnout leidet, ist oft erschöpft und kann leicht reizbar und unausgeglichen sein. Dies kann zu Konflikten und Spannungen in Beziehungen führen.

2. Vernachlässigung von Beziehungen: Menschen mit Burnout können dazu neigen, soziale Aktivitäten und Beziehungen zu vernachlässigen. Sie ziehen sich möglicherweise zurück und verbringen weniger Zeit mit Familie und Freunden.

3. Mangelnde emotionale Verfügbarkeit: Burnout kann dazu führen, dass eine Person emotional distanziert ist und Schwierigkeiten hat, emotionale Unterstützung oder Zuneigung zu geben oder zu empfangen.

4. Kommunikationsprobleme: Die Erschöpfung und der Stress im Zusammenhang mit Burnout können zu Kommunikationsproblemen in Beziehungen führen. Die betroffene Person kann Schwierigkeiten haben, ihre Gefühle auszudrücken oder auf die Bedürfnisse ihres Partners oder ihrer Familie einzugehen.

5. Rollenumkehr: In einigen Fällen kann Burnout dazu führen, dass der betroffene Partner nicht mehr in der Lage ist, die üblichen Familien- oder Haushaltsaufgaben zu erfüllen. Dies kann zu einer Rollenumkehr führen, bei der andere Familienmitglieder mehr Verantwortung übernehmen müssen.

6. Isolation: Menschen mit Burnout können sich in ihrer Erschöpfung und ihrem Stress isoliert fühlen. Dies kann dazu führen, dass sie sich von Familie und Freunden zurückziehen und sich allein fühlen.

7. Finanzielle Belastung: In einigen Fällen kann Burnout zu Arbeitsausfällen führen, was zu finanziellen Belastungen für die Familie führen kann.

8. Kinder und Beziehungen: Burnout kann auch die Eltern-Kind-Beziehungen beeinflussen. Eltern mit Burnout haben möglicherweise weniger Energie und Geduld, um sich um ihre Kinder zu kümmern, was zu Spannungen in der Familie führen kann.

Ich möchte nicht unerwähnt lassen, dass die Auswirkungen von Burnout nicht nur die betroffene Person selbst, sondern auch ihre Angehörigen betreffen können. In solchen Momenten wird es entscheidend sein, sowohl der Person mit Burnout als auch ihren Familienmitgliedern Unterstützung und Hilfe zukommen zu lassen. Professionelle Hilfe in Form von Psychotherapie oder Beratung kann dazu beitragen, die Auswirkungen von Burnout auf Beziehungen zu bewältigen und die Familie bei der Bewältigung der Situation zu unterstützen. Offene Kommunikation, Verständnis und Geduld sind ebenfalls entscheidend, um Beziehungen während dieser herausfordernden Zeit aufrechtzuerhalten und zu stärken.

10.2 Burnout und das Gemeinwesen

Burnout manifestiert sich nicht nur auf individueller Ebene, sondern entfaltet seine Auswirkungen als ein bedeutendes gesellschaftliches Problem. Die Lebensqualität und das allgemeine Wohlbefinden einer Gemeinschaft stehen auf dem Spiel, und es wird zunehmend klarer, dass die Bewältigung von Burnout nicht allein auf den Schultern Einzelner lasten kann. Vielmehr bedarf es kollektiver Anstrengungen von Seiten der Gemeinschaften und Gesellschaften, um wirksame Maßnahmen zu entwickeln, die nicht nur das Verständnis für Burnout fördern, sondern auch präventive Schritte unternehmen und Unterstützung für diejenigen bieten, die von dieser Herausforderung betroffen sind. Diese kollektive Verantwortung erfordert die enge Zusammenarbeit aller relevanten Akteure, darunter Regierungsbehörden, Bildungseinrichtungen, Arbeitgeber, Gesundheitsdienste und gemeinnützige Organisationen. Nur durch diese vereinten Anstrengungen kann eine Gesellschaft eine Umgebung schaffen, die die psychische Gesundheit ihrer Bürger fördert und somit das allgemeine Wohlbefinden steigert.

Die möglichen Konsequenzen steigender Häufigkeit von Burnout sollten nicht vernachlässigt werden.

1. Produktivitätsverlust: Wenn eine signifikante Anzahl von Menschen in einer Gemeinschaft unter Burnout leidet, kann dies zu einem erheblichen Produktivitätsverlust in verschiedenen Sektoren führen, einschließlich Wirtschaft, Bildung und Gesundheitswesen.

2. Gesundheitssystembelastung: Burnout führt zu vermehrten Arztbesuchen, psychischen Gesundheitsbehandlungen und Medikamentenkosten. Dies kann das Gesundheitssystem belasten und die Wartezeiten für Behandlungen verlängern.

3. Arbeitsplatzfluktuation: Wenn Arbeitnehmer aufgrund von Burnout ihren Job wechseln oder aus dem Arbeitsmarkt ausscheiden, kann dies zu einer höheren Arbeitsplatzfluktuation führen. Dies wiederum erfordert mehr Ressourcen für die Rekrutierung und Schulung neuer Mitarbeiter.

4. Familienprobleme: Familien, in denen ein Familienmitglied von Burnout betroffen ist, können Unterstützung und zusätzliche Ressourcen benötigen. Dies kann das Gemeinwesen durch die Inanspruchnahme von Sozialdiensten und Unterstützungsangeboten belasten.

5. Soziale Isolation: Menschen mit Burnout ziehen sich möglicherweise sozial zurück und isolieren sich von ihren Gemeinschaften. Dies kann zu einem Mangel an sozialer Unterstützung und sozialer Kohäsion führen.

6. Bildungseinrichtungen: Burnout bei Lehrern und Schülern kann sich negativ auf Bildungseinrichtungen auswirken. Lehrer können aufgrund von Erschöpfung weniger effektiv unterrichten, und Schüler können Schwierigkeiten haben, sich zu konzentrieren und zu lernen.

7. Stigmatisierung: Stigmatisierung von Burnout und anderen psychischen Gesundheitsproblemen kann Menschen davon abhalten, Hilfe zu suchen, was zu einer Verschlechterung der Situation führen kann.

8. Präventions- und Unterstützungsdienste: Die Gemeinschaften müssen Ressourcen für die Prävention von Burnout und Unterstützungsdienste für Menschen mit Burnout zur Verfügung stellen. Dies erfordert die Zusammenarbeit von Regierungsbehörden, Gesundheitsdiensten und gemeinnützigen Organisationen.

10.3 Meine Erkenntnisse über soziale Auswirkungen und Beziehungen

Die Anfangsphase meiner Auseinandersetzung mit meiner Erkrankung war von inneren Konflikten geprägt. Die Unsicherheit darüber, wie mein Umfeld auf meine Situation reagieren würde, sowie die mit Scham verbundenen Gedanken,

*bestimmten meine Entscheidung, mein Burnout zu verber-
gen. Die Angst vor Missverständnissen und Unverständnis
ließ mich dazu neigen, ständig eine Fassade der Normalität
aufrechtzuerhalten.*

*Im Laufe der Zeit begann sich jedoch ein Wandel zu vollzie-
hen. Die Schlüsselerkenntnis, meine Situation zu akzeptieren, markierte den ersten Schritt auf dem Weg zur Selbstfin-
dung. Dies ermöglichte es mir, meine eigenen Gefühle und
Bedürfnisse zu verstehen und anzunehmen. Doch vielleicht
noch bedeutsamer war die Entdeckung, dass ich mit meinem
Burnout nicht allein war. Das Bewusstsein, dass viele andere
ähnliche Erfahrungen gemacht hatten, erwies sich als äußerst ermutigend. Durch den Austausch von Geschichten
konnte ich von ihren Erfahrungen lernen und fand Trost im
Verständnis, dass meine Empfindungen nicht abnormal oder
schwach waren.*

*Die Entscheidung, meine Familie über meine Situation zu in-
formieren, war eine der herausforderndsten, aber auch wich-
tigsten Maßnahmen. Dies legte den Grundstein für offene
Kommunikation und Unterstützung von ihrer Seite. Es war
ein Akt der Verletzlichkeit, der dazu beitrug, Brücken des Ver-
stehens zu bauen. Allerdings stellte ich fest, dass es für Menschen, die nicht selbst Burnout erlebt hatten, manchmal
schwer war, die Tiefe meiner Herausforderungen zu erfas-
sen. Dies führte zu Momenten der Frustration, doch ich
lernte, geduldig und selbstbewusst zu sein, wenn ich versuchte, meine Situation zu beschreiben.*

*Ein bedeutender Teil meiner anfänglichen Bewältigungsstra-
tegie war das ständige Vortäuschen von guter Laune. Die
Angst vor Sorgen und Vorurteilen trieb mich dazu, meine eigene Last zu verbergen. Langfristig erwies sich diese*

Maskerade jedoch als anstrengend und gesundheitsschädlich. Die Erkenntnis, dass ehrliche Kommunikation einen heilenden Prozess in Gang setzen konnte, ermöglichte es mir, diese schützende Schicht abzulegen.

Die Unterstützung, die ich von meiner Familie und meinen Freunden erfahren habe, war unbezahlbar. Sie waren für mich da, hörten mir zu und halfen mir, mich zu erholen. Ich bin dankbar für ihre Unterstützung und dafür, dass sie mir in dieser schwierigen Zeit beigestanden haben.

In der Anfangsphase meiner Behandlung fiel während einer Therapieeinheit, ein Satz, der für mich und meinem Umgang mit Burnout eine große Bedeutung erlangt hat.

"Jeder hat jederzeit das Recht, "Nein" zu sagen!"

"Jeder hat jederzeit das Recht, "Nein" zu sagen!" – diese Aussage meiner Therapeutin sorgte anfangs für ein leichtes Lächeln meinerseits. Ich war überzeugt, dass ich jederzeit in der Lage war, dieses klare "Nein" auszusprechen – bis ich genauer darüber nachdachte. In einem gesunden Zustand war es für mich selbstverständlich, meine Meinung zu äußern und Entscheidungen zu treffen. Doch im Laufe meines Burnouts wurde ich regelrecht zum Spielball meiner eigenen Gefühle und vernachlässigte dabei meine eigenen Bedürfnisse.

"Jeder hat jederzeit das Recht, "Nein", zu sagen!"

Dieser Satz sagt so viel mehr. Diese Fähigkeit, meine eigenen Grenzen zu erkennen und zu respektieren, wurde zu einem Eckpfeiler meiner Genesung. Es war nicht nur erlaubt, sondern notwendig, meine Bedürfnisse zu kommunizieren und mich vor Überforderung zu schützen. Dieser Aspekt der Selbstfürsorge war entscheidend für meine psychische Genesung und trug dazu bei, dass ich die Kontrolle über mein Wohlbefinden zurückgewinnen konnte.

Es mag auf den ersten Blick als selbstverständlich erscheinen, die Freiheit zu haben, "Nein" zu sagen, aber für mich wurde es zu einem mächtigen Instrument der Selbstbestimmung. Es bedeutete nicht nur, meine eigenen Grenzen zu erkennen und zu respektieren, sondern auch, aktiv für meine Bedürfnisse einzustehen. In einer Zeit, in der meine emotionale Achterbahnfahrt mir oft das Gefühl der Kontrolle raubte, wurde das Aussprechen dieses einfachen Worts zu einem Schlüsselaspekt meiner Selbstfürsorge.

Die Wirkung reichte weit über den Moment des Aussprechens hinaus; es war der erste Schritt auf dem Pfad zur Wiederherstellung meiner psychischen Gesundheit und der Rückeroberung meiner inneren Balance. So wurde dieser einfache Satz zu einem mächtigen Werkzeug der Selbstkontrolle und ein Symbol der Selbstbestimmung auf dem Weg meiner Genesung.

Meine Erfahrungen haben mich gelehrt, wie wichtig offene Kommunikation, Akzeptanz und Unterstützung im Umgang mit Burnout sind. Sie haben mich auch dazu ermutigt, mich anderen gegenüber zu öffnen und meine Geschichte zu teilen, um zur Sensibilisierung für Burnout beizutragen und anderen zu helfen, die sich in ähnlichen Situationen befinden.

Teil VI: Ausblick und Zukunftsperspektiven

Kapitel 11: Die Zukunft des Umgangs mit Burnout

11.1 Fortschritte in der in der Forschung

Die Forschung im Bereich Burnout hat in den letzten Jahren erhebliche Fortschritte gemacht. Wissenschaftler, Psychologen und Gesundheitsexperten haben intensiv daran gearbeitet, ein besseres Verständnis für die Ursachen, Prävention und Behandlung von Burnout zu entwickeln.

1. Anerkennung als eigenständige Erkrankung:

In den letzten Jahren wurde Burnout in verschiedenen internationalen Klassifikationssystemen, wie der Internationalen Klassifikation der Krankheiten (ICD) der WHO, als eigenständige Erkrankung anerkannt. Dies hat dazu beigetragen, die Wichtigkeit von Burnout als psychische Gesundheitsstörung zu betonen.

2. Untersuchung der biologischen Grundlagen:

Forscher haben begonnen, die biologischen Grundlagen von Burnout zu erforschen. Studien haben gezeigt, wie chronischer Stress und Überlastung auf das Gehirn und das Nervensystem wirken können, was zu körperlichen und psychischen Symptomen führt.

3. Identifizierung von Risikofaktoren:

Es wurden zahlreiche Risikofaktoren für Burnout identifiziert, darunter Arbeitsbelastung, unzureichende soziale Unterstützung, Persönlichkeitsmerkmale und bestimmte berufliche Tätigkeiten. Dies hat dazu beigetragen, Präventionsstrategien zu entwickeln.

4. Prävention und Intervention:

Die Forschung hat dazu beigetragen, wirksame Präventions- und Interventionsstrategien zu entwickeln. Diese umfassen Stressbewältigungstrainings, Verbesserungen der Arbeitsplatzkultur und frühzeitige Identifizierung von Burnout-Anzeichen.

5. Individualisierte Behandlungsansätze:

Die Forschung hat gezeigt, dass individuelle Behandlungsansätze, die auf die Bedürfnisse und Symptome der betroffenen Person zugeschnitten sind, effektiver sein können. Dies ermöglicht eine personalisierte Behandlung von Burnout.

6. Telemedizinische Ansätze:

Insbesondere im Zusammenhang mit der COVID-19-Pandemie wurden telemedizinische Ansätze zur Unterstützung von Menschen mit Burnout erforscht und entwickelt. Dies ermöglicht den Zugang zu Behandlung und Unterstützung, unabhängig von geografischen Barrieren.

7. Public Awareness:

Die Entwicklung in der Forschung hat dazu beigetragen, das Bewusstsein für Burnout in der Öffentlichkeit zu schärfen. Dies hat dazu geführt, dass Menschen offener über ihre psychische Gesundheit sprechen und Hilfe suchen.

8. Verbesserung der Diagnoseinstrumente:

Forscher arbeiten an der Verbesserung von Diagnoseinstrumenten und Fragebögen zur Identifizierung von Burnout. Dies trägt weiterhin dazu bei, die Genauigkeit der Diagnose und die Entwicklung geeigneter Behandlungspläne zu verbessern.

Obwohl bereits viele Fortschritte erzielt wurden, bleibt die Komplexität dieser Erkrankung weiterhin Gegenstand intensiver Untersuchungen. Es ist von entscheidender Bedeutung, die Ursachen von Burnout zu verstehen, um wirksame Präventions- und Behandlungsstrategien zu entwickeln.

Die Förderung des Bewusstseins in der Gesellschaft ist ebenso wichtig, um das Verständnis für Burnout zu vertiefen und einen offenen Dialog darüber zu ermöglichen. Durch die Schaffung von Bewusstsein kann Stigmatisierung reduziert werden, und Menschen können ermutigt werden, rechtzeitig Hilfe zu suchen.

11.2 Gesellschaftliche Veränderungen und Prävention

Gesellschaftliche Veränderungen können in vielerlei Hinsicht einen erheblichen Einfluss auf die Prävention von Burnout haben. Hier sind einige wichtige Aspekte. Es ist wichtig zu betonen, dass diese Aspekte miteinander interagieren und sich gegenseitig beeinflussen können. Eine holistische Herangehensweise auf individueller, organisatorischer und gesellschaftlicher Ebene ist entscheidend, um Burnout effektiv zu verhindern.

1. Flexibles Arbeitsumfeld: Die Einführung von flexiblen Arbeitsmodellen, wie Telearbeit oder Gleitzeit, kann dazu beitragen, die Work-Life-Balance zu verbessern und Burnout-Risiken zu reduzieren. Unternehmen, die solche Modelle unterstützen, ermöglichen es den Mitarbeitern, ihre Arbeit besser an ihre individuellen Bedürfnisse anzupassen.

2. Betonung der psychischen Gesundheit: Eine zunehmende Betonung der Bedeutung der psychischen Gesundheit in der Gesellschaft kann dazu beitragen, das Bewusstsein für Burnout zu schärfen. Öffentliche Aufklärungskam-
pagnen und Bildungsprogramme können dazu beitragen,
die Wahrnehmung von Burnout zu ändern und Menschen
dazu ermutigen, rechtzeitig Hilfe zu suchen.

3. Arbeitsplatzkultur: Arbeitgeber und Unternehmen können die Arbeitsplatzkultur verbessern, indem sie Respekt,
Zusammenarbeit und Wohlbefinden fördern. Dies kann dazu
beitragen, den Druck und die Belastung am Arbeitsplatz zu
reduzieren.

4. Unterstützungsdienste: Die Verfügbarkeit von Unterstützungsdiensten, wie Mitarbeiterassistenzprogramme und
psychologische Beratungsdienste, kann die Prävention von
Burnout unterstützen. Diese Dienste bieten Mitarbeitern einen Ort, an dem sie Hilfe und Unterstützung erhalten können.

5. Politische Maßnahmen: Gesetzliche Maßnahmen, wie
Arbeitszeitregelungen, Gesundheits- und Sicherheitsvor-
schriften am Arbeitsplatz und der Schutz von Arbeitneh-
mern vor übermäßiger Arbeitsbelastung, können zur Prävention von Burnout beitragen.

6. Bildung und Schulung: Die Integration von Stressbewältigungs- und Selbstfürsorgefähigkeiten in das Bildungssystem kann dazu beitragen, jüngere Generationen auf die Herausforderungen des modernen Lebens vorzubereiten und Burnout vorzubeugen.

7. Gemeinschaftsunterstützung: Gemeinschaften können Initiativen zur Förderung der psychischen Gesundheit unterstützen und Ressourcen für Menschen mit Burnout zur Verfügung stellen. Dies kann von Selbsthilfegruppen bis zu kostenlosen Beratungsdiensten reichen.

8. Technologie und soziale Medien: Die Nutzung von Technologie und sozialen Medien zur Verbreitung von Informationen über Burnout, zur Vernetzung von Betroffenen und zur Bereitstellung von Online-Ressourcen kann die Prävention und Unterstützung verbessern.

9. Entstigmatisierung: Die Entstigmatisierung von psychischen Gesundheitsproblemen, einschließlich Burnout, ist von entscheidender Bedeutung. Eine offene und nicht stigmatisierende Haltung gegenüber psychischen Gesundheitsproblemen trägt dazu bei, dass Menschen eher professionelle Hilfe in Anspruch nehmen.

10. Forschung und Innovation: Fortschritte in der Forschung zur Prävention von Burnout und zur Identifizierung von Risikofaktoren können dazu beitragen, effektivere Präventionsstrategien zu entwickeln.

Gesellschaftliche Veränderungen können die Prävention von Burnout erheblich verbessern, indem sie die Bedingungen am Arbeitsplatz, die Wahrnehmung von psychischer Gesundheit und den Zugang zu Unterstützungsdiensten beeinflussen. Es erfordert jedoch eine umfassende Zusammenarbeit zwischen Regierungen, Arbeitgebern, Bildungseinrichtungen, Gesundheitsdiensten und der Gesellschaft, um wirksame Präventionsmaßnahmen zu etablieren und Burnout langfristig zu reduzieren.

11.3 Hoffnung und Perspektiven für Betroffene

Dieses Kapitel dient als Zusammenfassung und vertiefende Betrachtung der bereits behandelten Aspekte. Es ist eine Einladung zur Hoffnung und ein Leitfaden für Betroffene, um den Weg zur Genesung aktiv zu gestalten. Es betont, dass es nie zu spät ist, Unterstützung zu suchen und an der eigenen Genesung zu arbeiten. Die Reise durch die Herausforderungen des Burnouts hat uns zu diesem Punkt geführt, an dem die Hoffnung auf Genesung in greifbare Nähe rückt. In den vorangegangenen Kapiteln haben wir uns bereits intensiv mit verschiedenen Aspekten der Bewältigung von Burnout auseinandergesetzt.

1. Selbstverständnis als Grundlage für Heilung:

Dieser Prozess markiert den Anfang einer inneren Reise, die darauf abzielt, ein tieferes Verständnis für die eigene Situation zu entwickeln und die eigenen Gefühle zu akzeptieren.

Die Betonung liegt auf der Bedeutung, sich selbst gegenüber ehrlich und einfühlsam zu sein. Durch Selbstreflexion können wir unsere Gedanken und Emotionen klarer verstehen und uns bewusst machen, wie sie zu unserem gegenwärtigen Zustand beitragen. Dieser bewusste Blick nach innen ermöglicht es uns, die Ursachen von Burnout zu erkennen und darauf aufbauend konstruktive Veränderungen in Angriff zu nehmen.

Ein tieferes Verständnis für die eigene Situation schafft die Grundlage für Besserung. Die Akzeptanz der eigenen Gefühle, ohne Urteile oder Schuldzuweisungen, ermöglicht es, sich selbst mit Mitgefühl zu begegnen. Dieser respektvolle Umgang mit den eigenen Emotionen ist ein Schlüsselaspekt der Heilung, da er den Weg zu einer positiven Veränderung ebnet.

Die betonte Bedeutung der Selbstreflexion unterstreicht die Idee, dass die Reise zur Genesung nicht nur äußere Anpassungen erfordert, sondern auch eine bewusste Auseinandersetzung mit der inneren Welt. Indem wir uns selbst besser verstehen und akzeptieren, legen wir den Grundstein für einen nachhaltigen Weg zur Besserung und schaffen Raum für persönliches Wachstum.

2. Professionelle Hilfe als Unterstützung:

Im Verlauf dieses Buches wurde die bedeutsame Rolle von Psychologen, Therapeuten und Beratern hervorgehoben. Diese Fachleute spielen eine entscheidende Rolle auf der Reise zur Genesung, indem sie ihre Fachkenntnisse und Erfahrung einbringen, um individuelle Bewältigungsstrategien zu entwickeln.

Die Expertise dieser professionellen Begleiter ermöglicht es Betroffenen, die Ursachen von Burnout zu verstehen und konkrete Schritte zur Bewältigung zu unternehmen. Durch maßgeschneiderte Interventionen und therapeutische Ansätze können individuelle Herausforderungen identifiziert und angegangen werden. Dieser professionelle Support schafft einen strukturierten Weg, der den Betroffenen hilft, die notwendigen Veränderungen vorzunehmen, um ihre Lebensqualität zu verbessern.

Die Betonung der Rolle von Psychologen, Therapeuten und Beratern verdeutlicht die Wichtigkeit, nicht allein mit den Herausforderungen von Burnout umgehen zu müssen. Der Zugang zu professioneller Unterstützung bietet nicht nur einen Raum für Selbstreflexion, sondern auch eine Anleitung für konkrete Schritte zur Genesung. Es unterstreicht die Idee, dass die Zusammenarbeit mit Experten ein wertvolles Werkzeug auf dem Weg zur Bewältigung von Burnout ist.

3. Das Netzwerk der Unterstützung:

Ich möchte hier nochmals die Bedeutung von Familienmitgliedern, Freunden und Kollegen als wertvolle Unterstützungssysteme herausstellen. Die Betrachtung konzentriert sich darauf, wie der Kontakt zu diesen sozialen Kreisen als eine Schlüsselressource auf dem Weg zur Bewältigung von Burnout dienen kann.

Der offene Austausch innerhalb dieser Netzwerke ist ein bedeutender Faktor. Die Fähigkeit, über die eigenen Herausforderungen und Bedürfnisse zu kommunizieren, schafft nicht nur ein tieferes Verständnis, sondern ermöglicht es auch, unterstützende Netzwerke aufzubauen. Die Offenheit im Gespräch kann eine Brücke des Verständnisses zwischen Betroffenen und ihren sozialen Kreisen schlagen, was wiederum die Grundlage für eine wirksame Unterstützung legt.

Der Erfahrungsaustausch innerhalb dieses Systems bietet die Möglichkeit, gemeinsam Herausforderungen zu bewältigen. Die Identifikation von Gemeinsamkeiten und das Teilen von Lösungsansätzen können eine wertvolle Quelle der Inspiration und Unterstützung darstellen. So wird der Kontakt zur Familie, zu Freunden und Kollegen nicht nur zu einem stabilen Halt in schwierigen Zeiten, sondern auch zu einem aktiven Gestaltungselement auf dem Weg zur Genesung.

Dieser Fokus auf den sozialen Kontakten als Unterstützungssysteme unterstreicht die Idee, dass die Gemeinschaft um einen herum eine entscheidende Rolle spielt und dass die Pflege dieser Verbindungen eine lohnende Investition in dem Prozess der Burnout-Bewältigung ist.

4. Selbstfürsorge als Teil der Heilung:

Die essenzielle Rolle der Selbstfürsorge muss als integraler Bestandteil des Heilungsprozesses hervorgehoben werden. Die Praxis der Selbstfürsorge erstreckt sich über verschiedene Aspekte, angefangen von der Gewährleistung ausreichenden Schlafs bis hin zu Achtsamkeitsübungen, und sie ist entscheidend für die Stärkung sowohl der physischen als auch der mentalen Gesundheit.

Die Betonung auf ausreichendem Schlaf als einer Form der Selbstfürsorge unterstreicht die fundamentale Bedeutung von Ruhe und Erholung. Schlaf ist nicht nur ein essentieller Bestandteil der physischen Regeneration, sondern beeinflusst auch maßgeblich die mentale Widerstandsfähigkeit. Durch die Gewährleistung eines gesunden Schlafmusters können Betroffene ihre Energie wiederherstellen und ihre Fähigkeit zur Stressbewältigung verbessern.

Achtsamkeitsübungen wurden ebenfalls als wichtiger Bestandteil der Selbstfürsorge erwähnt. Diese Praktiken, sei es Meditation, Atemübungen oder andere Formen der Achtsamkeit, ermöglichen es, im gegenwärtigen Moment zu verweilen und eine bewusste Verbindung zu Körper und Geist herzustellen. Dies trägt dazu bei, den Stresslevel zu reduzieren und das allgemeine Wohlbefinden zu fördern.

Die Betrachtung der Selbstfürsorge als Teil des Heilungsprozesses verdeutlicht, dass die Achtung der eigenen Bedürfnisse und die bewusste Pflege des eigenen Wohlbefindens nicht als Luxus, sondern als essenzieller Beitrag zur Genesung betrachtet werden sollten. Die Praxis der Selbstfürsorge ermöglicht es den Betroffenen, aktiv an ihrer Gesundheit zu arbeiten und somit einen nachhaltigen Weg zur Besserung einzuschlagen.

5. Stressbewältigung und Resilienz:

Im Buch wurde die Bedeutung von Stressbewältigung und Resilienz als wesentliche Elemente im Umgang mit Burnout hervorgehoben. Es wurde betont, dass die Anwendung von Techniken zur effektiven Stressbewältigung und das Setzen von Grenzen zentrale Strategien sind, um die Resilienz zu fördern und den Umgang mit Herausforderungen zu verbessern.

Die Betonung auf Techniken zur Stressbewältigung hebt die Notwendigkeit hervor, aktiv an der Reduzierung von Stressfaktoren teilzunehmen. Dies kann die Einführung von Zeitmanagement-Strategien, das Erlernen von Entspannungstechniken oder das Delegieren von Aufgaben umfassen. Diese Maßnahmen tragen dazu bei, die Belastung zu reduzieren und schaffen Raum für eine gesündere Bewältigung von Anforderungen im Alltag.

Das Setzen von Grenzen als Teil der Stressbewältigung unterstreicht die Wichtigkeit, persönliche Grenzen zu erkennen und zu respektieren. Die klare Definition von Grenzen ermöglicht es, Überlastung zu vermeiden und eine ausgewogene Balance zwischen beruflichen und persönlichen Verpflichtungen aufrechtzuerhalten.

Die Förderung von Resilienz, die Fähigkeit, sich an Veränderungen anzupassen und aus Herausforderungen gestärkt hervorzugehen, ist ebenfalls als zentrales Element anzusehen. Die bewusste Anwendung von Stressbewältigungstechniken und das Setzen von Grenzen tragen dazu bei, die Resilienz zu stärken und somit einen widerstandsfähigen Umgang mit den Herausforderungen des Lebens zu entwickeln.

Diese Konzepte verdeutlichen, dass der effektive Umgang mit Stress eine aktive Beteiligung erfordert. Die Implementierung von bewährten Techniken, verbunden mit einer klaren Selbstreflexion über persönliche Grenzen, bildet eine solide Grundlage für die Förderung der Resilienz und den verbesserten Umgang mit den vielfältigen Anforderungen des Lebens.

6. Lebensprioritäten neu betrachten:

Burnout bietet eine transformative Möglichkeit als Anstoß für positive Veränderungen, insbesondere im Hinblick auf die Neubewertung von Lebensprioritäten. Der Fokus liegt darauf, diese herausfordernde Phase als eine Gelegenheit zu sehen, die eigenen Lebensziele und -prioritäten zu überdenken.

Die Betonung auf der Neubewertung von Lebensprioritäten verdeutlicht die Idee, dass Burnout oft als Weckruf dienen kann, um bewusst darüber nachzudenken, was im Leben wirklich wichtig ist. Es geht darum, einen Schritt zurückzutreten, um Klarheit darüber zu gewinnen, welche Werte, Beziehungen und Aktivitäten von grundlegender Bedeutung sind.

Die Nutzung von Burnout als Anstoß für positive Veränderungen beinhaltet die Auseinandersetzung mit grundlegenden Fragen: Was bringt Freude und Erfüllung? Welche Aspekte des Lebens verdienen mehr Aufmerksamkeit und Engagement? Diese Überlegungen können dazu führen, dass Menschen bewusster Entscheidungen darüber treffen, wie sie ihre Zeit, Energie und Ressourcen investieren.

Die Neubewertung von Lebensprioritäten kann zu einem bewussteren und ausgewogeneren Lebensstil führen. Es geht darum, die eigene Lebensgestaltung aktiv zu gestalten und sicherzustellen, dass sie im Einklang mit den persönlichen Werten und Zielen steht. Dieser Prozess ist dynamisch und eröffnet die Möglichkeit, positive Veränderungen in verschiedenen Lebensbereichen vorzunehmen.

Die im Abschnitt besprochene Perspektive betont die Chance, die in der Krise von Burnout liegen kann. Die Neubewertung von Lebensprioritäten ermöglicht es, gestärkt aus der Krise hervorzugehen und bewusster auf den eigenen Lebensweg Einfluss zu nehmen. Es handelt sich um einen Schritt in Richtung persönlicher Entwicklung und eines erfüllteren Lebens.

7. Positive Veränderungen am Arbeitsplatz:

Im Verlauf des Buches haben wir die Bedeutung positiver Veränderungen am Arbeitsplatz als einen Schlüsselaspekt der Burnout-Prävention betont. Hier liegt der Fokus darauf, den Arbeitsplatz zu optimieren, die Arbeitsbedingungen zu verbessern und die Arbeitsplatzkultur positiv zu gestalten, um eine mögliche Belastung weiter zu reduzieren.

Die Betonung auf der Optimierung des Arbeitsplatzes verdeutlicht, dass Veränderungen nicht nur auf individueller Ebene, sondern auch im beruflichen Umfeld erfolgen können. Dies kann verschiedene Dimensionen umfassen, angefangen bei organisatorischen Anpassungen bis hin zu kulturellen Veränderungen.

Die Verbesserung der Arbeitsbedingungen bezieht sich auf konkrete Maßnahmen, die dazu beitragen, den Arbeitsplatz angenehmer und förderlicher für das Wohlbefinden der Mitarbeiter zu gestalten. Dazu gehören möglicherweise flexible Arbeitszeiten, klare Kommunikationswege, angemessene Ressourcen und die Förderung eines gesunden Arbeits- und Pausenklimas.

Die Gestaltung einer positiven Arbeitsplatzkultur ist ein weiterer wichtiger Aspekt. Dies beinhaltet die Schaffung eines Umfelds, das Teamarbeit, offene Kommunikation, Unterstützung und Wertschätzung fördert. Eine gesunde Unternehmenskultur trägt dazu bei, das Wohlbefinden der Mitarbeiter zu stärken und den Umgang mit potenziell belastenden Situationen zu erleichtern.

Die im Abschnitt behandelte Perspektive betont, dass positive Veränderungen am Arbeitsplatz nicht nur den individuellen Stress reduzieren, sondern auch die allgemeine Arbeitszufriedenheit und das Engagement fördern können. Durch die Optimierung des Arbeitsumfelds können Unternehmen aktiv dazu beitragen, Burnout-Prävention zu fördern und eine gesündere Arbeitskultur zu schaffen.

8. Der Blick in die Zukunft:

Im vorherigen Abschnitt wurde die transformative Natur von Burnout betont und die Möglichkeit herausgestellt, diese Krise als Chance für persönliches Wachstum und berufliche Entwicklung zu nutzen. Der Fokus liegt darauf, den Blick in die Zukunft zu richten und die Erfahrung von Burnout als Katalysator für positive Veränderungen zu begreifen.

Die Betonung auf dem Blick in die Zukunft verdeutlicht, dass Burnout nicht zwangsläufig das Ende einer persönlichen oder beruflichen Reise markiert, sondern eine Wendemarke sein kann. Diese Phase kann als Gelegenheit betrachtet werden, bewusst über persönliche und berufliche Ziele nachzudenken und neue Wege einzuschlagen.

Die Nutzung von Burnout als Chance für persönliches Wachstum beinhaltet die Auseinandersetzung mit den eigenen Stärken, Schwächen und Werten. Diese Reflexion ermöglicht es, einen klareren Weg für die persönliche Entwicklung zu definieren und bewusst an den Aspekten zu arbeiten, die zu einem erfüllteren Leben beitragen.

Die Betrachtung von Burnout als Chance für berufliche Entwicklung eröffnet die Möglichkeit, den eigenen beruflichen Weg neu zu gestalten. Dies kann bedeuten, neue Fähigkeiten zu erwerben, berufliche Ziele zu überdenken oder sogar eine berufliche Neuorientierung in Betracht zu ziehen. Burnout kann somit zu einer treibenden Kraft für eine positive berufliche Transformation werden.

Die im Abschnitt besprochene Perspektive betont, dass die Krise von Burnout nicht zwangsläufig negativ sein muss. Indem man diese Erfahrung als Möglichkeit für persönliches Wachstum und berufliche Entwicklung betrachtet, können Menschen gestärkt aus dieser Phase hervorgehen und aktiv die Richtung ihrer Zukunft beeinflussen.

9. Gemeinschaft und Solidarität:

Insbesondere möchte ich hier nochmals die Bedeutung von Gemeinschaft und Solidarität als unterstützende Faktoren hervorheben. Hier liegt der Fokus darauf, die Unterstützung der Gemeinschaft zu nutzen und von geteilten Erfahrungen zu profitieren, beispielsweise durch die Teilnahme an Selbsthilfegruppen und Gemeinschaftsaktivitäten.

Die Betonung der Unterstützung der Gemeinschaft verdeutlicht, dass der Austausch mit Gleichgesinnten eine wichtige Ressource auf dem Weg zur Bewältigung von Burnout sein kann. Selbsthilfegruppen bieten einen Raum, in dem Menschen, die ähnliche Herausforderungen erleben, sich austauschen, Verständnis finden und gemeinsam Lösungsansätze entwickeln können.

Die Teilnahme an Gemeinschaftsaktivitäten, sei es in Form von Gruppenveranstaltungen, sozialen Projekten oder anderen kollektiven Unternehmungen, bietet eine weitere Möglichkeit, sich mit der Gemeinschaft zu verbinden. Durch solche Aktivitäten kann nicht nur eine unterstützende Umgebung geschaffen, sondern auch das Gefühl der Gemeinschaft und Verbundenheit gestärkt werden.

Die geteilte Erfahrung mit anderen, die ähnliche Herausforderungen durchleben, schafft ein Gefühl der Solidarität. Der Austausch von Geschichten, Strategien und Erfolgen in Selbsthilfegruppen oder Gemeinschaftsaktivitäten kann nicht nur inspirierend sein, sondern auch das Gefühl der Normalität und Akzeptanz fördern.

Die im Abschnitt besprochene Perspektive betont, dass die Gemeinschaft eine kraftvolle Ressource auf dem Weg zur Bewältigung von Burnout sein kann. Die Unterstützung und Solidarität, die in solchen gemeinschaftlichen Kontexten gefunden werden können, bieten nicht nur emotionale

Unterstützung, sondern tragen auch dazu bei, das Gefühl der Isolation zu durchbrechen und die Genesung zu fördern.

10. Rückkehr in die Arbeitswelt nach der Pause:

Die Bedeutung einer behutsamen Rückkehr in die Arbeitswelt nach einer Burnout-Pause wurde betont. Hier liegt der Fokus darauf, Strategien zu entwickeln, die eine schrittweise Wiedereingliederung unterstützen und eine nachhaltige Rückkehr in die Arbeitswelt ermöglichen.

Die Betonung auf der behutsamen Rückkehr verdeutlicht, dass der Übergang von einer Burnout-Pause zurück in die Arbeitswelt sorgfältig und strategisch gestaltet werden sollte. Dieser Prozess erfordert eine bewusste Planung, um sicherzustellen, dass die individuellen Bedürfnisse und Grenzen respektiert werden.

Strategien für eine behutsame Rückkehr in die Arbeitswelt können beinhalten:

Kommunikation: Offene Kommunikation mit Vorgesetzten und Kollegen über den Rückkehrentscheidungsprozess sowie über eventuelle Anpassungen, die am Arbeitsplatz vorgenommen werden könnten

1. **Schrittweiser Wiedereinstieg:** Die Möglichkeit einer schrittweisen Rückkehr, zum Beispiel durch reduzierte Arbeitsstunden oder ein flexibles Arbeitszeitmodell, um die Belastung zu minimieren. In diesem

Zusammenhang sei nur kurz das "Hamburger Modell genannt" (Stufenweise Wiedereingliederung).

2. **Fortschrittliche Selbstfürsorge:** Die Integration von fortgeschrittenen Selbstfürsorgemaßnahmen am Arbeitsplatz, einschließlich Pausen, kurzen Entspannungsübungen oder einem unterstützenden Arbeitsumfeld.

3. **Beratung und Unterstützung:** Die fortlaufende Unterstützung durch Berater, Therapeuten oder Kollegen, um den Übergang zu begleiten und gegebenenfalls auftretende Herausforderungen anzusprechen.

4. **Klare Ziele und Grenzen:** Die Festlegung klarer beruflicher Ziele und persönlicher Grenzen, um ein ausgewogenes Arbeitsleben zu gewährleisten und eine erneute Überlastung zu verhindern.

5. **Flexibilität und Anpassung:** Die Bereitschaft, Strategien bei Bedarf anzupassen, da der Rückkehrprozess individuell ist und möglicherweise Anpassungen erfordert.

Eine schrittweise Wiedereingliederung kann verschiedene Elemente umfassen, darunter die Anpassung der Arbeitsstunden, die schrittweise Übernahme von Verantwortlichkeiten und regelmäßige Rückmeldungen zum Fortschritt. Diese Maßnahmen zielen darauf ab, den Druck zu minimieren und eine allmähliche Anpassung an berufliche Anforderungen zu ermöglichen.

Es ist ebenso wichtig, während dieses Prozesses regelmäßige Gespräche mit Vorgesetzten und Kollegen zu führen, um offene Kommunikation zu fördern. Das Teilen von Erfahrungen und Bedenken kann dazu beitragen, ein unterstützendes Arbeitsumfeld zu schaffen und das Verständnis für individuelle Bedürfnisse zu stärken.

Darüber hinaus können gezielte Maßnahmen zur Förderung von Wohlbefinden und mentaler Gesundheit am Arbeitsplatz implementiert werden. Schulungen für Führungskräfte und Teams, die darauf abzielen, Sensibilität für psychische Gesundheitsfragen zu schaffen, können ebenfalls einen positiven Beitrag zur erfolgreichen Wiedereingliederung leisten.

Insgesamt geht es darum, eine Kultur der Achtsamkeit und Unterstützung zu schaffen, die die individuellen Bedürfnisse jedes Mitarbeiters berücksichtigt und eine nachhaltige Rückkehr in die Arbeitswelt ermöglicht.

11. Prävention für die Zukunft:

Die bisher aufgeführten Maßnahmen und Strategien für eine Genesung bis hin zum erfolgreichen Wiedereinstieg in den Arbeitsalltag dürfen nicht ausschließlich als Reaktion auf eine akute Belastung gesehen werden; vielmehr als der Beginn eines fortlaufenden Prozesses zur Förderung von Wohlbefinden und Lebensqualität. Durch die Integration individueller Präventionsmaßnahmen in den Alltag wird eine nachhaltige Grundlage geschaffen, um das Risiko von Burnout langfristig zu reduzieren.

Der Fokus liegt darauf, vorbeugende Maßnahmen als integralen Bestandteil des täglichen Lebens zu verstehen. Der erfolgreiche Wiedereinstieg in den Beruf markiert den Beginn eines Engagements für eine aktive Auseinandersetzung mit den Ursachen von Stress und Überlastung, anstatt nur auf Symptome zu reagieren.

Mit dieser kontinuierlichen Prävention wird ein nachhaltiger Lebensstil gefördert, der nicht nur die Arbeitsumgebung, sondern auch persönliche Gewohnheiten und Selbstfürsorge berücksichtigt. Indem Menschen aktiv an der Gestaltung ihrer physischen und mentalen Gesundheit teilnehmen und präventive Strategien in ihren Alltag integrieren, können sie langfristig dazu beitragen, das Risiko von Burnout zu minimieren und eine dauerhafte Lebensqualität zu erreichen.

Hier sind mögliche Strategien mit Fokus auf langfristige Prävention und das frühzeitige Erkennen von Warnzeichen:

Selbstreflexion als fortlaufender Prozess:

Kontinuierliche Selbstreflexion über den eigenen emotionalen Zustand, die Arbeitsbelastung und die allgemeine Lebenszufriedenheit ermöglicht es, frühzeitig potenzielle Warnzeichen zu erkennen.

Selbstfürsorge-Routinen als feste Bestandteile des Tages:

Etablierung und konsequente Pflege regelmäßiger Selbstfürsorge-Routinen, wie ausreichender Schlaf, gesunde Ernährung, Bewegung und Entspannungsübungen, um das physische und mentale Wohlbefinden zu fördern.

Aktives Stressmanagement in den Arbeitsalltag integrieren:

Entwicklung und Integration von effektiven Stressbewältigungsstrategien, wie Zeitmanagement, klare Grenzen setzen und regelmäßige Pausen, um den Arbeitsalltag besser zu bewältigen.

Bewusste Pflege der Work-Life-Balance:

Gezielte Planung von Pausen, Urlauben und Zeiten für persönliche Interessen und Hobbys, um eine gesunde Balance zwischen beruflichen Verpflichtungen und persönlichem Wohlbefinden aufrechtzuerhalten.

Offene Kommunikation am Arbeitsplatz fördern:

Aktive Beteiligung an einer offenen Kommunikationskultur am Arbeitsplatz, um Belastungen frühzeitig anzusprechen, eventuelle Anpassungen zu besprechen und ein unterstützendes Umfeld zu schaffen.

Professionelle Unterstützung in Anspruch nehmen:

Bei Bedarf gezielte professionelle Hilfe suchen, sei es in Form von Therapie, Coaching oder Beratung, um individuelle Herausforderungen mit Unterstützung zu bewältigen.

Fortlaufende Weiterbildung und Entwicklung:

Teilnahme an Schulungen und Weiterbildungen, um berufliche Fähigkeiten zu stärken und mit den Anforderungen des Arbeitslebens besser umzugehen.

Soziale Verbindungen aufrechterhalten:

Pflege von sozialen Beziehungen, sei es durch den Austausch mit Freunden, Familie oder Kollegen, um ein unterstützendes Netzwerk zu erhalten und die soziale Integration am Arbeitsplatz zu fördern.

11.4 Wie meine Erfahrungen meine Sicht auf die Zukunft beeinflusst haben

Insgesamt haben meine Erfahrungen mit Burnout meine Sicht auf die Zukunft grundlegend verändert. Ich strebe nach einem ausgewogeneren, gesünderen und erfüllteren Leben und bin bereit, die notwendigen Schritte zu unternehmen, um diese Zukunft zu gestalten. Meine Erfahrungen haben mich gelehrt, wie wichtig es ist, auf meine psychische Gesundheit zu achten und die Bedeutung von Prävention und Selbstfürsorge zu schätzen. In der Umsetzung sieht es folgendermaßen aus:

1. **Prioritäten neu setzen:** Nach meiner Genesung habe ich meine Prioritäten grundlegend neu gesetzt. Früher hatte ich mich fast ausschließlich auf beruflichen Erfolg konzentriert, ohne ausreichend auf meine körperliche und psychische Gesundheit sowie meine zwischenmenschlichen Beziehungen zu achten. Heute steht meine Gesundheit und das Wohl meiner Familie an erster Stelle.

2. **Achtsamkeit:** Ich habe gelernt, achtsamer mit meinem Leben umzugehen. Das bedeutet, im Moment zu leben, bewusster zu sein und die kleinen Freuden des Lebens zu schätzen. Achtsamkeit hat mir geholfen, Stress abzubauen und die Lebensqualität zu steigern.

3. **Langfristige Selbstfürsorge:** Meine Erfahrungen haben mir gezeigt, wie wichtig langfristige Selbstfürsorge ist. Ich pflege regelmäßig meine körperliche

Gesundheit, gehe achtsam mit meinen Emotionen um und achte darauf, mir genügend Ruhe zu gönnen. Das sind Gewohnheiten, die ich weiterhin in mein Leben integriere, um meine psychische Gesundheit zu schützen.

4. **Resilienz entwickeln:** *Der Umgang mit Burnout hat meine Resilienz gestärkt. Ich habe gelernt, mit Stress und Herausforderungen besser umzugehen und mich schneller von Rückschlägen zu erholen. Diese Resilienz hilft mir, auf zukünftige Herausforderungen besser vorbereitet zu sein.*

5. **Berufliche Anpassungen:** *Ich habe meine berufliche Situation angepasst, um ein gesünderes Gleichgewicht zwischen Arbeit und Leben zu finden. Ich setze klare Grenzen und achte darauf, dass mein Arbeitsumfeld unterstützend und förderlich für meine Gesundheit ist.*

6. **Zukunft mit mehr Selbstbewusstsein:** *Die Genesung hat mein Selbstbewusstsein gestärkt. Ich habe gelernt, auf meine Bedürfnisse zu achten und für mich selbst einzustehen. Dies hat mich zuversichtlicher gemacht, meine Zukunft in die Hand zu nehmen und Entscheidungen zu treffen, die meinen Werten und Zielen entsprechen.*

7. **Empathie und Verständnis:** *Meine eigenen Erfahrungen haben mich sensibler für die Belange anderer Menschen gemacht. Ich habe gelernt, wie wichtig es ist, auf die psychische Gesundheit anderer*

Menschen zu achten und Unterstützung anzubieten, wenn sie sie benötigen.

8. ***Lebensqualität über Erfolg:*** *Ich habe erkannt, dass wahre Erfüllung nicht nur durch beruflichen Erfolg erreicht werden kann. Die Lebensqualität und das Glück hängen von vielen Faktoren ab, darunter auch die Zeit, die wir mit unseren Lieben verbringen und die Freude, die wir aus unseren Interessen und Aktivitäten ziehen.*

Insgesamt haben meine Erfahrungen mich dazu inspiriert, bewusster und achtsamer in Bezug auf meine psychische Gesundheit und mein Leben im Allgemeinen zu sein. Ich sehe die Zukunft als eine Gelegenheit, um weiter zu wachsen, zu lernen und ein erfülltes Leben zu führen, das im Einklang mit meinen Werten und Bedürfnissen steht.

Schlusswort

In einem Schlusswort über das Thema Burnout möchte ich betonen, wie wichtig es ist, dass wir als Gesellschaft und Individuen das Bewusstsein für diese ernsthafte Belastung der psychischen Gesundheit schärfen. Burnout betrifft Menschen in vielen verschiedenen Lebensbereichen und kann erhebliche Auswirkungen auf ihre Gesundheit, Beziehungen und berufliche Erfüllung haben. Es ist entscheidend, dass wir die Anzeichen von Burnout erkennen, Verständnis und Empathie für Betroffene zeigen und Unterstützung anbieten. Burnout ist keine Schwäche oder ein Zeichen von Versagen, sondern eine Reaktion auf chronischen Stress und übermäßige Belastung.

Darüber hinaus ist die Prävention von Burnout von großer Bedeutung. Dies erfordert Anstrengungen auf individueller Ebene, aber auch auf gesellschaftlicher und arbeitsplatzbezogener Ebene. Wir können die Arbeitsplatzkultur verbessern, Selbstfürsorge fördern, Stressbewältigungstechniken erlernen und soziale Unterstützung suchen. Schließlich sollten Menschen, die von Burnout betroffen sind, wissen, dass es Hilfe gibt und dass Genesung möglich ist. Professionelle Unterstützung, Unterstützung von Familie und Freunden sowie Selbstfürsorge sind Schlüsselkomponenten auf dem Weg zur Genesung.

Lassen Sie uns gemeinsam daran arbeiten, die ernsthafte gesundheitliche Bedeutung von Burnout anzuerkennen und eine unterstützende Umgebung zu schaffen, in der Menschen aufgefangen werden, wenn sie Hilfe benötigen. Burnout ist behandelbar, und mit der richtigen Unterstützung und

dem eigenen Einsatz ist es möglich, ein erfülltes und gesun-
des Leben trotz dieser Herausforderung zu führen.

Ihr Roland Wegner